LES ZOOM'S



# L'ANALYSE FINANCIÈRE

**19e ÉDITION**
**2015-2016**

BÉATRICE ET FRANCIS GRANDGUILLOT

*sont professeurs de comptabilité et de gestion dans plusieurs établissements d'enseignement supérieur. Ils sont également auteurs de nombreux ouvrages dans ces matières.*

## Des mêmes auteurs

### Collection Les Zoom's

- Fiscalité française 2015
- Exercices de fiscalité française avec corrigés 2015
- Comptabilité générale – 2015/2016
- Exercices de comptabilité générale avec corrigés – 2015/2016
- Analyse financière – 2015/2016
- Exercices d'analyse financière avec corrigés détaillés – 2015/2016
- Comptabilité de gestion – 2015/2016
- Comptabilité des sociétés – 2015/2016

### Collection Expertise Comptable

- Droit fiscal, DCG 4, 6e éd. 2015-2016 (avec P. Recroix), coll. Carrés DCG
- Exercices corrigés de Droit fiscal, DCG 4, 3e éd. 2015-2016 (avec P. Recroix), coll. Carrés DCG
- Introduction à la comptabilité, DCG 9, 6e éd. 2015-2016, coll. Carrés DCG
- Exercices corrigés d'Introduction à la comptabilité, DCG 9, 5e éd. 2015-2016, coll. Carrés DCG

### Collection En Poche

- Fiscal 2015, 9e éd.
- Droit des sociétés, 7e éd. 2015-2016
- Comptable, 7e éd. 2015-2016
- Analyse financière, 6e éd. 2015-2016

LES ZOOM'S

BÉATRICE ET FRANCIS GRANDGUILLOT

# L'ANALYSE FINANCIÈRE

Analyse de l'activité et du risque d'exploitation
Analyse fonctionnelle – Analyse patrimoniale
Ratios – Tableau de financement
Éléments prévisionnels

**19e ÉDITION**
**2015-2016**

À JOUR DU NOUVEAU PLAN COMPTABLE GÉNÉRAL

Gualino

lextenso éditions

# LES ZOOM'S

*LA COLLECTION TRAITE DE :*

- **La comptabilité :** Comptabilité générale – Comptabilité de gestion – Comptabilité des sociétés
- **L'analyse financière**
- **Le contrôle de gestion**
- **La fiscalité**
- **Le droit :** Introduction au droit – Droit des sociétés – Droit commercial et des affaires – Droit social – Institutions de la France – Institutions de l'Union européenne
- **L'économie**
- **Le marketing**
- **Les relations humaines**


70, rue du Gouverneur Général Éboué
92131 Issy-les-Moulineaux cedex
ISBN 978 - 2 - 297 - 04810 - 1
ISSN 1288-8184

# Présentation

*L'objectif de cet ouvrage est d'offrir une vision claire, structurée et synthétique de l'Analyse financière (également appelée **Diagnostic financier ou Finance d'entreprise**) avec notamment le recours à des schémas et des tableaux. En outre, de nombreux exemples et plusieurs synthèses présentées avec leurs corrigés permettent d'acquérir les connaissances fondamentales de cette matière.*

*Le livre développe successivement :*

- ***La présentation des comptes annuels***
- ***L'analyse de l'activité et du risque d'exploitation***
- ***L'analyse fonctionnelle de la structure financière***
- ***L'analyse patrimoniale de la structure financière***
- ***Les ratios***
- ***Le tableau de financement***
- ***Les éléments prévisionnels***

*Cette 19e édition 2015/2016, entièrement à jour à sa publication, s'adresse aux étudiants des cursus universitaires en gestion (DUT, Licences, Licences Professionnelles, Masters...), aux étudiants des BTS Tertiaires et aux étudiants en Écoles de Management.*

**AVERTISSEMENT**

Dans cet ouvrage, les numéros des articles du Plan comptable général relatifs aux comptes annuels sont conformes au règlement 2014-03 de l'Autorité des normes comptables (ANC) du 5 juin 2014 relatif au ***nouveau Plan comptable général,*** homologué par arrêté du 8 septembre 2014 publié au JO le 15 octobre 2014. Ce dernier remplace le règlement CRC 99-03 et les autres règlements publiés depuis 1999.

# Sommaire

# 3

# L'analyse fonctionnelle de la structure financière

# 4

# L'analyse patrimoniale de la structure financière



# 5

# Les ratios

## 6
## Le tableau de financement



## 7
## Les éléments prévisionnels

# L'organisation de l'analyse financière

Chapitre **1**

## 1 Définition et objectifs de l'analyse financière

La finalité de l'analyse financière est d'établir un ***diagnostic financier*** qui consiste à recenser les forces et les faiblesses de l'entreprise afin de porter un jugement sur sa performance et sa situation financière, en se plaçant dans la perspective d'une continuité de l'exploitation.

L'analyse financière est l'étude de l'***activité***, de la ***rentabilité*** et de la ***structure financière*** de l'entreprise :

| **Soit *a posteriori*** | **Soit *a priori*** |
| --- | --- |
| ↓ | ↓ |
| Données historiques et présentes | Prévisions |

L'analyse financière constitue un ensemble d'outils d'analyse qui permet :

- de ***dégager*** des résultats, des indicateurs caractéristiques, des ratios et de les apprécier ;
- de ***donner des informations*** sur l'évolution de l'activité, sur l'évolution de la structure financière, sur les performances réalisées ;
- d'***interpréter*** ces informations à l'aide du diagnostic financier ;
- d'***effectuer des comparaisons*** : entre le passé, le présent et l'avenir de l'entreprise, ainsi qu'avec d'autres entreprises du même secteur d'activité.

L'analyse financière est une ***aide à la prise de décision*** ; elle permet ***d'améliorer la gestion*** de l'entreprise et de répondre aux questions :

- quelle est la ***valeur*** de l'entreprise ?
- quelle est la ***capacité*** de l'entreprise à créer de la ***richesse*** ?
- l'entreprise est-elle ***rentable*** ?

– sa structure financière est-elle ***équilibrée*** ?

– sa stratégie est-elle ***adaptée*** à ses besoins et à ses ressources ?

– l'entreprise est-elle ***compétitive*** ?

– quels sont les ***points forts***, les ***points faibles*** et les ***potentialités*** de l'entreprise ?

– quels sont les ***risques*** encourus ?

L'analyse financière intéresse particulièrement les dirigeants, les associés, les salariés, les prêteurs, les investisseurs ainsi que les concurrents.

## 2 Les sources d'information de l'analyse financière

### A – L'information comptable

L'analyse financière est menée, essentiellement, à partir de l'***information comptable*** et particulièrement à l'aide des comptes annuels : ***compte de résultat***, ***bilan***, ***annexe***. Leur présentation est plus ou moins détaillée selon la taille des entreprises. Précisons que désormais davantage d'entreprises peuvent bénéficier d'une présentation simplifiée de leur comptes annuels voire d'une dispense de l'annexe. Ainsi :

– *les micro-entreprises* au sens comptable, c'est-à-dire celles qui ne dépassent pas pendant deux exercices successifs, deux des trois seuils suivants : 350 K€ de total de bilan, 700 K€ de CA net, 10 salariés peuvent présenter un bilan et un de compte de résultat simplifiés et sont dispensées de l'annexe ;

– *les petites entreprises* au sens comptable, c'est-à-dire celles qui ne dépassent pas pendant deux exercices successifs, deux des trois seuils suivants : 4 M€ de total de bilan, 8 M€ de CA net, 50 salariés peuvent présenter des comptes annuels (bilan, compte de résultat, annexe) simplifiés.

Notons que ces mesures de simplification sont en phase avec les dispositions de la nouvelle directive comptable unique (2013/34/UE) du 26 juin 2013, transposée en droit national par l'ordonnance et le décret du 23 juillet 2015 relatifs aux obligations comptables des commerçants.

Par ailleurs, le règlement 2014-03 de l'ANC du 5 juin 2014 relatif au ***nouveau Plan comptable général*** est restructuré à partir d'un ***nouveau plan thématique*** et d'une ***nouvelle numérotation des articles*** pour le rendre plus accessible aux utilisateurs. En revanche, aucune modification aux dispositions comptables n'a été apportée. Il remplace le règlement CRC 99-09 relatif au Plan comptable général et les autres règlements publiés depuis.

L'ANC a également publié le ***recueil des normes comptables*** françaises qui rassemble en un seul document l'ensemble des textes comptables règlementaires et non règlementaires portant sur l'élaboration des comptes annuels et rédigés par les institutions chargées de la normalisation comptable. Depuis, tout nouveau règlement de l'ANC s'intègre dans le nouveau PCG ainsi que dans le recueil des normes comptables.

***Dans le cadre de l'analyse financière, les comptes annuels*** font l'objet de retraitements et de reclassements, selon la finalité de l'analyse à effectuer, pour permettre de dégager des informations pertinentes sur la réalité économique et financière de l'entreprise.

## *B – Les autres sources d'information*

D'autres sources d'information financière sont exploitées, telles que :

- ***le rapport de gestion***, document de synthèse établi par les dirigeants qui fournit des informations sur la vie économique (activité, résultats, situation financière), juridique, sociale et environnementale de la société. Le champ des informations est plus ou moins étendu selon la nature juridique de la société et sa taille. Actuellement, les entreprises unipersonnelles à responsabilité limitée (EURL) et les sociétés par actions simplifiée unipersonnelle (SASU) dont l'associé unique, personne physique, assume la gérance ou la présidence en sont dispensées, si elles ne dépassent pas à la clôture de l'exercice deux des trois seuils suivants : 1 M€ de total de bilan ; 2 M€ de CA HT ; 20 salariés. Pour les exercices ouverts à compter du 1er janvier 2016, les seuils seront alignés sur ceux des petites entreprises au sens comptable.
  Le rapport de gestion est complété, dans les sociétés dont les titres sont admis aux négociations sur un marché réglementé, par le ***rapport sur le contrôle interne*** dont l'un des objectifs est de prévenir et de maîtriser les ***risques*** résultant de l'activité de l'entreprise ;
- le ***rapport*** du commissaire aux comptes sur les comptes annuels communiqué à l'assemblée générale des associés. Il comporte deux parties :
  - → l'opinion sur les comptes annuels,
  - → la vérification du rapport de gestion et la communication des inexactitudes, des irrégularités et des infractions relevées ;

  Par ailleurs, afin de renforcer les contrôles et les sanctions en matière de délais de paiement clients et fournisseurs, le commissaire aux comptes doit établir désormais une attestation sur la sincérité et la fiabilité des informations fournies dans le rapport de gestion sur ces délais ;
- la ***procédure d'alerte*** déclenchée par le commissaire aux comptes dans l'objectif de prévenir les difficultées des entreprises, d'attirer l'attention des dirigeants sur les faits compromettant la continuité de l'exploitation donc l'avenir de la société et d'inciter les décideurs à prendre les dispositions nécessaires. Si les décisions prises par les dirigeants ne permettent pas d'améliorer la situation, le commissaire aux comptes doit en informer le président du Tribunal de commerce ou du Tribunal de grande instance selon le cas ;
- l'***analyse des informations économiques, comptables et financières*** de l'entreprise dans le cadre de son adhésion à un groupement de prévention agréé. Lorsque le groupement relève des indices de difficultés, il en informe le chef d'entreprise et peut lui proposer l'intervention d'un expert ;
- les ***quatre documents d'information financière et prévisionnelle*** établis par les sociétés qui emploient, à la clôture de l'exercice, au moins 300 salariés ou ont réalisé un chiffre d'affaires d'au moins 18 millions d'euros.
  Ces quatre documents sont :

| |
|---|
| La situation de l'actif réalisable et disponible ainsi que celle du passif exigible établie semestriellement |
| Le tableau de financement prévisionnel annuel |
| Le plan de financement prévisionnel annuel |
| Le compte de résultat prévisionnel établi annuellement |

L'analyse financière doit prendre également en compte des éléments d'information ***extra-financiers et qualitatifs*** pour évaluer la valeur de l'entreprise et dresser un diagnostic général tels que :

– le cycle de vie de l'entreprise ;

– sa forme juridique ;

– son secteur d'activité ;

– son organisation interne ;

– son image, sa notoriété, sa réputation ;

– son potentiel technologique et humain ;

– sa démarche environnementale ;

– l'évolution de son ou des ses marché(s) ;

– la valeur de sa clientèle existante et potentielle ;

– la qualité des relations avec ses partenaires ;

– son appartenance à un groupe ;

–...

## 3 Les méthodes de l'analyse financière

Les travaux d'analyse financière sont réalisés à partir de deux méthodes :

**L'analyse statique**

↓

Elle est basée sur les *comptes annuels à une date donnée*.

**L'analyse dynamique**

↓

Elle est fondée sur l'étude des *flux financiers* pour une période donnée.

### A – L'analyse de l'activité

Le compte de résultat fournit des informations sur l'activité et la formation du résultat. Il permet de déterminer des indicateurs de gestion, d'établir entre eux des comparaisons, des rapports, dans le temps et dans l'espace.

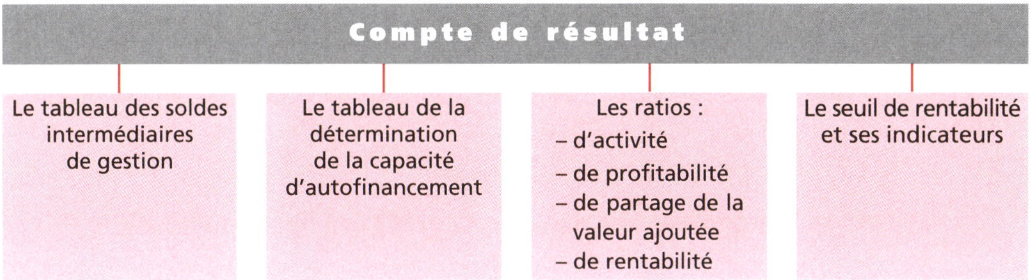


## *B – L'analyse statique de la structure financière*

Le bilan donne des informations sur la ***situation financière*** et sur la ***valeur de l'entreprise***.

L'analyse de la structure financière s'effectue à partir d'indicateurs de gestion différents selon les critères retenus pour apprécier l'équilibre financier (approche fonctionnelle ou approche patrimoniale).

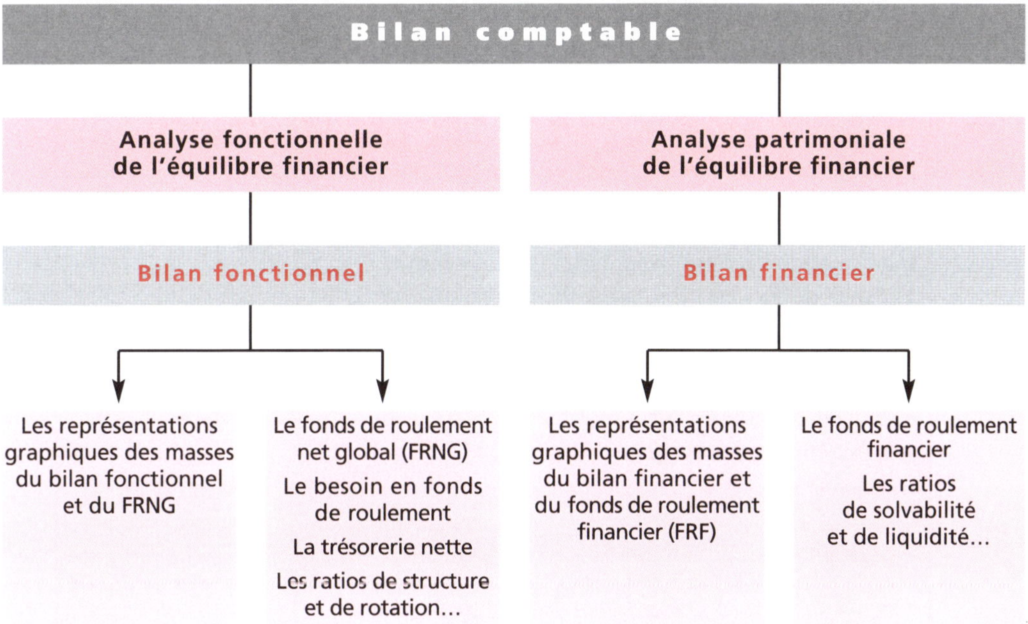

## C – L'analyse dynamique de la situation financière et de la trésorerie

L'analyse fonctionnelle dynamique de la situation financière de l'entreprise et de la trésorerie complète l'analyse statique. Elle est fondée sur l'étude des ***flux financiers*** pour une période donnée.

Elle est menée à partir de deux tableaux de flux :

| Analyse des flux financiers | Analyse des flux de trésorerie |
|---|---|
| Tableau de financement | Tableau de flux de trésorerie |
| Variation du fonds de roulement net global<br>Variation du besoin en fonds de roulement<br>Variation de la trésorerie nette | Flux de trésorerie liés à l'activité<br>Flux de trésorerie liés aux opérations d'investissement<br>Flux de trésorerie liés aux opérations de financement |

**Face à un contexte économique difficile**

*Dans la situation d'une reprise économique fragile, il est fondamental pour l'entreprise de maîtriser et d'optimiser l'utilisation des indicateurs de gestion afin de repérer les premiers signes de fragilité, d'évaluer les risques et de réagir le plus rapidement possible pour résister aux difficultés économiques.*

*Dans ce contexte, il est primordial pour l'entreprise :*

- ***d'analyser*** *en détail son chiffre d'affaires ;*
- ***d'optimiser*** *son cycle d'exploitation pour faire face à ses besoins de trésorerie ;*
- ***de fidéliser*** *ses clients ;*
- ***de maîtriser*** *ses charges ;*
- ***de maintenir*** *les équilibres financiers ;*
- ***de développer*** *une stratégie d'innovation (nouveaux produits, nouveaux marchés) ;*
- ***de rechercher*** *les aides publiques accordées aux entreprises et adaptées à la situation ou au projet : préfinancements du crédit d'impôt pour la compétitivité et l'emploi (CICE), du crédit d'impôt recherche, subventions, garantie des crédits de trésorerie par la Banque publique d'investissement (BPI)…*

*Tout cela lui permettra de préserver ses marges ainsi que sa rentabilité et lui donnera les bases nécessaires pour redémarrer sa croissance.*

# PARTIE 1

# Les comptes annuels

# Le compte de résultat

Chapitre **2**

## 1 Généralités

Le compte de résultat est établi à partir des ***comptes généraux de gestion***. Il fait partie des comptes annuels. Il constitue le document de base de l'analyse de l'activité et de la performance de l'entreprise. Les comptes de gestion distinguent pour une période donnée, en principe un exercice :

**Les mouvements constatant les charges**

↓

Ils représentent les ***coûts*** engagés par l'entreprise pour exercer son activité :
*classe 6 ⇒ Comptes de charges*

**Les mouvements constatant les produits**

↓

Ils représentent les ***revenus*** générés par l'activité de l'entreprise :
*classe 7 ⇒ Comptes de produits*

Le compte de résultat dégage ***le solde*** provenant de l'enregistrement de ces mouvements, par différence, afin de faire apparaître ***le bénéfice ou la perte de l'exercice*** :

- ***le résultat bénéfice*** ⇒ est placé du côté des charges
- ***le résultat perte*** ⇒ est placé du côté des produits

Le compte de résultat s'établit à partir des écritures de détermination du résultat ou des soldes de la balance après inventaire. Il peut se présenter selon trois systèmes :

| Système de base | Système abrégé | Système développé |
|---|---|---|
| Système de ***droit commun*** comportant les dispositions minimales que doivent tenir les entreprises de moyenne ou de grande taille. | Système conforme aux ***dispositions minimales*** que doivent respecter les entreprises dont la taille ne justifie pas une présentation selon le système de base. | Système ***facultatif***, réservé aux grandes entreprises, proposant un compte de résultat plus détaillé. |

Une comparaison est effectuée avec l'exercice précédent grâce à la création des colonnes Exercice N et Exercice N – 1.

Rappelons que les ***micro-entreprises et les petites entreprises*** au sens comptable peuvent désormais présenter, sous condition de seuils, un compte de résultat simplifié correspondant au modèle du système abrégé prévu par le PCG.

## 2 La structure globale du compte de résultat

Actuellement, les charges et les produits sont classés, par nature, en trois catégories symétriques de charges et de produits, afin de faire apparaître trois activités distinctes :

| | | |
|---|---|---|
| **Activité d'exploitation** → | **Charges d'exploitation**<br>Coûts occasionnés par l'activité normale de l'entreprise | **Produits d'exploitation**<br>Ressources produites par l'activité normale de l'entreprise |
| **Activité financière** → | **Charges financières**<br>Coût de financement externe de l'entreprise : escomptes accordés, pertes de change… | **Produits financiers**<br>Revenus financiers procurés par des placements, des escomptes obtenus, des gains de change… |
| **Activité exceptionnelle** → | **Charges exceptionnelles**<br>Coûts non liés à l'activité normale (amendes, perte de patrimoine…) | **Produits exceptionnels**<br>Produits occasionnés en dehors de l'activité normale de l'entreprise (produits de cessions d'actifs…) |

La structure du compte de résultat, en tableau par rubriques, est la suivante :

| Charges | Exercice N | Exercice N – 1 | Produits | Exercice N | Exercice N – 1 |
|---|---|---|---|---|---|
| **Charges d'exploitation**<br>Comptes **60 – 609**<br>Comptes **603** (+ ou –)<br>Comptes **61 – 619**<br>**62 – 629**<br>Comptes **63 + 64 + 65 + 681**<br>**Quotes-parts de résultat sur opérations faites en commun**<br>Compte **655**<br>**Charges financières**<br>Comptes **66 + 686**<br>**Charges exceptionnelles**<br>Comptes **67 + 687**<br>**Participation des salariés**<br>**Impôts sur les bénéfices**<br>Compte **69**<br>**Solde créditeur = Bénéfice** | | | **Produits d'exploitation**<br>Comptes **707 – 7097**<br>Comptes **701 à 706 – 7091** à **7096**<br>**708 – 7098**<br>Comptes **713** (+ ou –)<br>Comptes **72 + 74 + 75 + 781** et **791**<br>**Quotes-parts de résultat sur opérations faites en commun**<br>Compte **755**<br>**Produits financiers**<br>Comptes **76 + 786** et **796**<br>**Produits exceptionnels**<br>Comptes **77 + 787** et **797**<br><br>**Solde débiteur = Perte** | | |
| Total général | | | Total général | | |

Le compte de résultat peut également s'établir en ***liste***, ce qui permet de faire apparaître des ***résultats intermédiaires*** tels que : résultat d'exploitation, résultat financier, résultat courant, résultat exceptionnel.

La directive comptable unique, transposée en droit national par l'ordonnance et le décret du 23 juillet 2015 relatifs aux obligations comptables des commerçants prévoit une évolution de la structure du compte de résultat comme :

– le classement des charges et des produits par nature ou par fonction ;

– la suppression de la catégorie des charges et des produits exceptionnels. Les éléments de cette catégorie seront reclassés dans de nouvelles rubriques du résultat courant. Un règlement de l'ANC est attendu pour intégrer ces dispositions dans le PCG.

## 3 Le tableau de correspondance des comptes

Les ***regroupements*** suivants s'opèrent afin de dresser les différents postes du compte de résultat en système développé.

### A – Les charges

**Art. 823-2 Modèle de compte de résultat (en tableau)** *(système développé)*

| CHARGES (hors taxes) | Exercice N | | Exercice N – 1 |
|---|---|---|---|
| | | **Totaux partiels** | **Totaux partiels** |
| **Charges d'exploitation** (1) : | | | |
| Coût d'achat des marchandises vendues dans l'exercice | | | |
| Achats de marchandises *(a)* | 607. (– 6097). | | |
| Variation des stocks de marchandises *(b)* | 6037. | | |
| Consommations de l'exercice en provenance de tiers | | | |
| Achats stockés d'approvisionnements *(a)* : | | | |
| Matières premières | 601. (– 6091). | | |
| Autres approvisionnements | 602. (– 6092). | | |
| Variation des stocks d'approvisionnements *(b)* | 6031. 6032. | | |
| Achats de sous-traitance | 604. 605. (– 6094. – 6095). | | |
| Achats non stockés de matières et fournitures | 606. (– 6096). | | |
| Services extérieurs : | | | |
| Personnel extérieur | 621. | | |
| Loyers en crédit-bail *(c)* | 612. | | |
| Autres | 61. 62. (–619. –629). sauf 621. 612. | | |
| Impôts, taxes et versements assimilés | | | |
| Sur rémunérations | 631. 633. | | |
| Autres | 635. 637. | | |
| Charges de personnel | | | |
| Salaires et traitements | 641. 644. 648. | | |
| Charges sociales | 645. 646. 647. | | |
| Dotations aux amortissements et dépréciations | | | |
| Sur immobilisations : dotations aux amortissements *(d)* | 6811. 6812. | | |
| Sur immobilisations : dotations aux dépréciations | 6816. | | |
| Sur actif circulant : dotations aux dépréciations | 6817. | | |
| Dotations aux provisions | 6815. | | |
| Autres charges | 651. 653. 654. 658. | | |
| **TOTAL** | | X | X |

| | | | |
|---|---|---|---|
| **Quotes-parts de résultat sur opérations faites en commun** | 655. | | |
| **Charges financières :** | | | |
| Dotations aux amortissements, dépréciations et provisions | 686. | | |
| Intérêts et charges assimilées (2) | 661. 664. 665. 668. | | |
| Différences négatives de change | 666. | | |
| Charges nettes sur cessions de valeurs mobilières de placement | 667. | | |
| **Charges exceptionnelles :** | | | |
| Sur opérations de gestion | 671. 672. | | |
| Sur opérations en capital : | | | |
| Valeurs comptables des éléments immobilisés et financiers cédés *(e)* | 675. | | |
| Autres | 678. | | |
| Dotations aux amortissements, dépréciations et provisions : | | | |
| Dotations aux provisions réglementées | 6872. 6873. 6874. | | |
| Dotations aux amortissements | 6871. | | |
| Dotations aux dépréciations | 6876. | | |
| Dotations aux autres provisions | 6875. | | |
| **Participation des salariés aux résultats** | 691. | | |
| **Impôts sur les bénéfices** | 695. | | |
| Solde créditeur = **bénéfice** | | X | X |
| **TOTAL GÉNÉRAL** | | X | X |

(1) Dont charges afférentes à des exercices antérieurs. Les conséquences des corrections d'erreurs significatives, calculées après impôt, sont présentées sur une ligne séparée sauf s'il s'agit de corriger une écriture ayant été directement imputée sur les capitaux propres.
(2) Dont intérêts concernant les entités liées.

*(a)* Y compris frais accessoires.
*(b)* Stock initial moins stock final : montant de la variation en moins entre parenthèses ou précédé du signe (–).
*(c)* À ventiler en « mobilier » et « immobilier ».
*(d)* Y compris éventuellement dotations aux amortissements des charges à répartir.
*(e)* À l'exception des valeurs mobilières de placement.

**À NOTER** • Indiquez le signe + ou – des variations de stocks • Ce sont les achats de biens et services nets et les ventes nettes qui figurent dans le compte de résultat.

## B – Les produits

**Art. 823-2** *(suite)* **Modèle de compte de résultat (en tableau)** *(système développé)*

| **PRODUITS (hors taxes)** | **Exercice N** | | **Exercice N – 1** |
|---|---|---|---|
| | | **Totaux partiels** | **Totaux partiels** |
| **Produits d'exploitation** (1) : | | | |
| Ventes de marchandises | 707.(– 7097). | | |
| Production vendue | | | |
| Ventes | 701. 702. 703. (– 7091. – 7092). | | |
| Travaux | 704. 705. (–7094. – 7095). | | |
| Prestations de services | 706. 708. (– 7096. – 7098). | | |
| **Montant net du chiffre d'affaires** | | X | |
| *dont à l'exportation* | | | |
| Production stockée *(a)* | | | |
| En-cours de production de biens *(a)* | 7133. | | |
| En-cours de production de services *(a)* | 7134. | | |
| Produits *(a)* | 7135. | | |
| Production immobilisée | 72. | | |
| Subventions d'exploitation | 74. | | |
| Reprises sur dépréciations, provisions (et amortissements) | 781. | | |
| Transferts de charges | 791. | | |
| Autres produits | 751. 752. 753. 758. | | |
| **TOTAL** | | X | X |
| **Quotes-parts de résultat sur opérations faites en commun** | 755. | | |
| **Produits financiers :** | | | |
| De participation (2) | 761. | | |
| D'autres valeurs mobilières et créances de l'actif immobilisé (2) | 762. | | |
| Autres intérêts et produits assimilés (2) | 763. 764. 765. 768. | | |
| Reprises sur dépréciations, provisions et transferts de charges financières | 786. 796. | | |
| Différences positives de change | 766. | | |
| Produits nets sur cessions de valeurs mobilières de placement | 767. | | |

| | | | |
|---|---|---|---|
| **Produits exceptionnels :** | | | |
| Sur opérations de gestion | 771. 772. | | |
| Sur opérations en capital : | | | |
| – produits des cessions d'éléments d'actif *(b)* | 775. | | |
| – subventions d'investissement virées au résultat de l'exercice | 777. | | |
| – autres | 778. | | |
| Reprises sur dépréciations et provisions, transferts de charges exceptionnelles | 787. 797. | | |
| Solde débiteur = **perte** | | X | X |
| **TOTAL GÉNÉRAL** | | X | X |

(1) Dont produits afférents à des exercices antérieurs. Les conséquences des corrections d'erreurs significatives, calculées après impôt, sont présentées sur une ligne séparée sauf s'il s'agit de corriger une écriture ayant été directement imputée sur les capitaux propres.
(2) Dont produits concernant les entités liées.

*(a)* Stock final moins stock initial : montant de la variation en moins entre parenthèses ou précédé du signe (–) dans le cas de déstockage de production.
*(b)* À l'exception des valeurs mobilières de placement.

**À NOTER** • Les comptes de charges ont généralement un solde débiteur • Les comptes de produits ont généralement un solde créditeur • Le résultat déterminé doit être identique à celui du bilan.

# Le bilan

Chapitre **3**

## 1 Généralités

Le bilan est, pour une entreprise, l'état à une date donnée de ses éléments actifs, de ses éléments passifs et de ses capitaux propres. Il fait partie des comptes annuels.

Le bilan s'établit à partir des ***soldes*** des comptes de bilan de la balance d'inventaire :

– classe 1 : comptes de capitaux ;

– classe 2 : comptes d'immobilisations ;

– classe 3 : comptes de stocks et en-cours ;

– classe 4 : comptes de tiers ;

– classe 5 : comptes financiers.

**Les comptes à solde débiteur**

↓

Ils constituent l'***actif du bilan***, sauf les comptes **129, 119** et **108** qui se placent au passif en déduction des capitaux propres.

**Les comptes à solde créditeur**

↓

Ils constituent le ***passif du bilan***, sauf les comptes d'amortissements (**28**) et de dépréciation (**29, 39, 49, 59**) qui se placent à l'actif ***en déduction*** des comptes concernés.

Le bilan peut se présenter selon trois systèmes :

**Système de base**

↓

Système de ***droit commun*** comportant les dispositions minimales que doivent tenir les entreprises de moyenne ou de grande taille.

**Système abrégé**

↓

Système conforme aux ***dispositions minimales*** que doivent respecter les entreprises dont la taille ne justifie pas une présentation selon le système de base.

**Système développé**

↓

Système ***facultatif***, réservé aux grandes entreprises, proposant un bilan plus détaillé.

Une comparaison est effectuée avec l'exercice précédent grâce à la création des colonnes Exercice N et Exercice N – 1.

Rappelons que les ***micro-entreprises et les petites entreprises*** au sens comptable peuvent désormais présenter, sous condition de seuils, un bilan simplifié correspondant au modèle du système abrégé prévu par le PCG.

## 2 La structure globale du bilan

Le bilan est structuré en rubriques et en postes. Les éléments qui y figurent sont classés à l'actif et au passif selon leur destination et leur provenance.

Du point de vue ***financier***, le bilan décrit à une date donnée la ***situation financière*** de l'entreprise ; il est composé :

- des ressources ou des ***moyens de financement*** de l'entreprise ; ils constituent l'***origine des fonds*** ;
- des emplois ou des ***besoins de financement*** de l'entreprise ; ils représentent l'***utilisation des fonds.***

À tout besoin de financement correspond un moyen de financement.

On distingue essentiellement à l'***actif***, les ***emplois*** dont dispose l'entreprise à un moment donné :

**L'actif immobilisé** → Il regroupe les biens et les créances destinés à être utilisés ou ***à rester de façon durable*** dans l'entreprise. Il est composé d'immobilisations incorporelles, corporelles et financières.

**L'actif circulant** → Il regroupe les biens et les créances liés au ***cycle d'exploitation*** et qui n'ont pas vocation à être maintenus durablement dans l'entreprise. Il comprend essentiellement : les stocks, les créances, les valeurs mobilières de placement, les liquidités.

Le ***passif*** comprend les ***ressources de financement*** de l'entreprise. Il se compose principalement des rubriques suivantes :

**Les capitaux propres** → Ils regroupent les moyens de financement mis à la disposition de l'entreprise ***de façon permanente*** comprenant : le capital, les réserves, le résultat de l'exercice, les subventions d'investissement, les provisions réglementées.

**Les provisions** → Elles comprennent les provisions pour risques et charges qui constituent un passif dont l'échéance et le montant ***ne sont pas fixés de façon précise***.

**Les dettes** → Elles représentent le financement externe de l'entreprise ou encore les ***ressources remboursables***. On distingue : les dettes financières, les dettes d'exploitation et les dettes diverses.

La structure simplifiée du bilan par rubriques, présentée en tableau, est la suivante :

| Actif | Exercice N | | | Exercice N – 1 | Passif | Exercice N | Exercice N – 1 |
|---|---|---|---|---|---|---|---|
| | Brut | Amortissements et Dépréciations (à déduire) | Net | | | | |
| Capital souscrit-non appelé<br>**Actif immobilisé**<br>Classe 2 : Immobilisations | | | | | **Capitaux propres**<br>Comptes 10 et 14 | | |
| Total I<br>**Actif circulant**<br>Classe 3 : Stocks<br>Classe 4 : Créances<br>Classe 5 : Comptes financiers | | | | | Total I<br>**Provisions**<br>Compte 15 | | |
| Total II<br>Charges à répartir sur plusieurs exercices (III)<br>Primes de remboursement des emprunts (IV) | | | | | Total II<br>**Dettes**<br>Compte 16<br>Classes 4 et 5 | | |
| Écarts de conversion Actif (V) | | | | | Total III<br>Écarts de conversion Passif (IV) | | |
| Total général<br>(I + II + III + IV + V) | | | | | Total général<br>(I + II + III + IV) | | |

Le bilan peut également s'établir en liste.

**À NOTER** • Si vous ne disposez pas de l'imprimé du bilan, respectez les règles suivantes :
- ***pour l'actif immobilisé*** :
  Valeur d'origine – Amortissements cumulés – Dépréciations éventuelles = Valeur nette comptable
- ***pour l'actif circulant*** :
  Valeur comptable – Dépréciation = Valeur actuelle

## 3 Le tableau de correspondance des comptes

Les regroupements suivants s'opèrent afin de dresser les différents postes du bilan en système développé.

### A – L'actif

Les postes de l'actif sont classés d'après leur *fonction* et par ordre de *liquidité croissante*.

**Art. 823-1 Modèle de bilan (en tableau) (avant répartition)** *(système développé)*

| ACTIF | Exercice N | | | Exercice N – 1 |
|---|---|---|---|---|
| | Brut | Amortissements et dépréciations (à déduire) | Net | Net |
| Capital souscrit - non appelé | 109. | | | |
| ACTIF IMMOBILISÉ *(a)* : | | | | |
| Immobilisations incorporelles : | | | | |
| Frais d'établissement | 201. | | | |
| Frais de recherche et de développement | 203. | | | |
| Concessions, brevets, licences, marques, procédés, logiciels, droits et valeurs similaires | 205. | | | |
| Fonds commercial (1) | 206. 207. | | | |
| Autres | 208. | | | |
| Immobilisations incorporelles en cours | 232. | | | |
| Avances et acomptes | 237. | | | |
| Immobilisations corporelles : | | | | |
| Terrains | 211. 212. | | | |
| Constructions | 213 .214. | | | |
| Installations techniques, matériel et outillage industriels | 215. | | | |
| Autres | 218. | | | |
| Immobilisations corporelles en cours | 231. | | | |
| Avances et acomptes | 238. | | | |
| Immobilisations financières (2) : | | | | |
| Participations *(b)* | 261. 266. | | | |
| Créances rattachées à des participations | 267. 268. | | | |
| Titres immobilisés de l'activité de portefeuille | 273. | | | |
| Autres titres immobilisés | 271. 272. 27682. | | | |
| Prêts | 274. 27684. | | | |
| Autres | 275. 2761. 27685. 27688. | | | |
| **TOTAL I** | x | x | x | x |

| | | | | |
|---|---|---|---|---|
| ACTIF CIRCULANT : | | | | |
| Stocks et en-cours *(a)* : | | | | |
| Matières premières et autres approvisionnements .. | 31. 32. | | | |
| En-cours de production [biens et services] *(c)* ......... | 33. 34. | | | |
| Produits intermédiaires et finis .............................. | 35. | | | |
| Marchandises....................................................... | 37. | | | |
| Avances et acomptes versés sur commandes ............ | 4091. | | | |
| Créances (3) : | | | | |
| Créances Clients (a) et Comptes rattachés *(d)* ........ | 411. 413. 416. 417. 418. | | | |
| Autres ................................................................. | 4096. 4097. 4098. 425 .4287. 4387.4417. 4456. 4458D. 4487 | | | |
| Créances diverses .................................................... | 4411. 4418. 443D. 444D. 4487. 4456. 451D. 456D. (sauf 4562). 458D. 462. 465. 467D. 4687. | | | |
| Capital souscrit - appelé, non versé ......................... | 4562. | | | |
| Valeurs mobilières de placement *(e)* : | | | | |
| Actions propres.................................................... | 502. | | | |
| Autres titres ........................................................ | 50 (sauf 502. 509.). | | | |
| Instruments de trésorerie ........................................ | 52. | | | |
| Disponibilités ......................................................... | 51D (sauf 5186. 519). 53. 54. | | | |
| Charges constatées d'avance (3).............................. | 486. | | | |
| **TOTAL II** ................................................... | x | x | x | x |
| Charges à répartir sur plusieurs exercices **(III)** ........... | 481. | | | |
| Primes de remboursement des emprunts **(IV)** ........... | 169. | | | |
| Écarts de conversion Actif **(V)**................................. | 476. | | | |
| **TOTAL GÉNÉRAL (I + II + III + IV + V)**........ | x | x | x | x |
| (1) Dont droit au bail<br>(2) Dont à moins d'un an (brut)<br>(3) Dont à plus d'un an (brut) | | | | |

*(a)* Les actifs avec clause de réserve de propriété sont regroupés sur une ligne distincte portant la mention « dont ... € avec clause de réserve de propriété ». En cas d'impossibilité d'identifier les biens, un renvoi au pied du bilan indique le montant restant à payer sur ces biens. Le montant à payer comprend celui des effets non échus.

*(b)* Si des titres sont évalués par équivalence, ce poste est subdivisé en deux sous-postes « Participations évaluées par équivalence » et « Autres participations ». Pour les titres évalués par équivalence, la colonne « Brut » présente la valeur globale d'équivalence si elle est supérieure au coût d'acquisition. Dans le cas contraire, le prix d'acquisition est retenu. La dépréciation globale du portefeuille figure dans la 2e colonne. La colonne « Net » présente la valeur globale d'équivalence positive ou une valeur nulle.

*(c)* À ventiler, le cas échéant, entre biens, d'une part, et services d'autre part.

*(d)* Créances résultant de ventes ou de prestations de services.

*(e)* Poste à servir directement s'il n'existe pas de rachat par l'entité de ses propres actions.

## B – Le passif

Les postes du passif sont classés selon leur ***provenance*** et par ordre d'***exigibilité croissante***.

**Art. 823-1** *(suite)* **Modèle de bilan (en tableau) (avant répartition)**

| PASSIF | Exercice N | Exercice N – 1 |
|---|---|---|
| CAPITAUX PROPRES* | | |
| Capital [dont versé...] *(a)* | 101. 108. (dont versé = 1013). | |
| Primes d'émission, de fusion, d'apport | 104. | |
| Écarts de réévaluation *(b)* | 105. | |
| Écart d'équivalence *(c)* | 107. | |
| Réserves : | | |
| Réserve légale | 1061. | |
| Réserves statutaires ou contractuelles | 1063. | |
| Réserves réglementées | 1062. 1064. | |
| Autres | 1068. | |
| Report à nouveau *(d)* | 110. ou 119. | |
| Résultat de l'exercice [bénéfice ou perte] *(e)* | 120. ou 129. | |
| Subventions d'investissement | 13. | |
| Provisions réglementées | 14. | |
| **TOTAL I** | x | x |
| PROVISIONS | | |
| Provisions pour risques | 151. | |
| Provisions pour charges | 15 (sauf 151). | |
| **TOTAL II** | x | x |
| DETTES (1) *(g)* | | |
| Dettes financières : | | |
| Emprunts obligataires convertibles | 161. 16881. | |
| Autres emprunts obligataires | 163. 16883. | |
| Emprunts et dettes auprès des établissements de crédit (2) | 164. 16884. 512C. 514C. 517C .5186 .519. | |
| Emprunts et dettes financières diverses (3) | 165. 166. 1675. 168 (sauf 16881). 16883. 16884. 17426. 45C (sauf 457). | |
| Avances et acomptes reçus sur commandes en cours | 4191. | |

| | | |
|---|---|---|
| Dettes d'exploitation : | | |
| Dettes Fournisseurs et Comptes rattachés *(f)* | 401. 403. 4081. | |
| Dettes fiscales et sociales | 421. 422. 427. 4282. 4286. 431. 437. 4386. 4455. 4458C 446. 447. 4486. | |
| Autres | 4196. 4197. 4198. 4419 (pour partiel). | |
| Dettes diverses : | | |
| Dettes sur immobilisations et Comptes rattachés | 269. 279. 404. 405 .4084. | |
| Dettes fiscales (impôts sur les bénéfices) | 444C | |
| Autres | 424. 426. 4284. 4419 (pour partie). 442. 443C. 4486. 451C. 456C 457. 458C. 464. 467. 4686. 509. | |
| Instruments de trésorerie | 52C. | |
| Produits constatés d'avance (1) | 487. | |
| **TOTAL III** | x | x |
| Écarts de conversion Passif **(IV)** | 477. | |
| **TOTAL GÉNÉRAL (I + II + III + IV)** | x | x |
| (1) Dont à plus d'un an<br>Dont à moins d'un an<br>(2) Dont concours bancaires courants et soldes créditeurs de banques<br>(3) Dont emprunts participatifs | | |

* Le cas échéant, une rubrique « Autres fonds propres » est intercalée entre la rubrique « Capitaux propres » et la rubrique « Provisions » avec ouverture des postes constitutifs de cette rubrique sur des lignes séparées (montant des émissions de titres participatifs, avances conditionnées...). Un total I *bis* fait apparaître le montant des autres fonds propres entre le total I et le total II du passif du bilan. Le total général est complété en conséquence.

*(a)* Y compris capital souscrit non appelé.

*(b)* À détailler conformément à la législation en vigueur.

*(c)* Poste à présenter lorsque des titres sont évalués par équivalence.

*(d)* Montant entre parenthèses ou précédé du signe moins (–) lorsqu'il s'agit de pertes reportées.

*(e)* Montant entre parenthèses ou précédé du signe moins (–) lorsqu'il s'agit d'une perte.

*(f)* Dettes sur achats ou prestations de services.

*(g)* À l'exception, pour l'application du (1), des avances et acomptes reçus sur commandes en cours.

**À NOTER** • Les comptes d'actif ont généralement un solde débiteur, sauf les comptes soustractifs • Les comptes de passif ont généralement un solde créditeur sauf les comptes « 108 Compte de l'exploitant », « 119 Report à nouveau (solde débiteur) » et « 129 Résultat de l'exercice (perte) » qui ont un solde débiteur • Le Plan comptable général prévoit l'établissement d'un bilan après répartition du résultat • Le cas échéant, une rubrique « Autres fonds propres » (Total I bis) est intercalée entre les rubriques « Capitaux propres » et « Provisions » ; elle est constituée du montant des émissions de titres participatifs et des avances conditionnées • Le résultat déterminé doit être identique à celui du compte de résultat.

# L'annexe

Chapitre **4**

## 1 Généralités

L'annexe est une suite d'états comportant des ***explications*** et des ***informations*** chiffrées ou non nécessaires à la compréhension du bilan et du compte de résultat, pour que ceux-ci donnent une ***image fidèle du patrimoine***, de la situation financière et du résultat de l'entreprise.

Ces informations doivent être ***compréhensibles*** par le plus grand nombre, ***pertinentes***, ***significatives*** et présentées clairement.

**Face à un contexte économique difficile**

*Dans la situation d'une reprise économique fragile, le caractère significatif des informations portées dans l'annexe revêt toute son importance pour comprendre la situation financière réelle de l'entreprise. Ainsi, lorsqu'une entreprise rencontre des difficultés qui menacent la pérennité de son exploitation, il est crucial de mentionner dans l'annexe les informations pertinentes sur l'appréciation de la continuité de l'exploitation, le risque de liquidité et l'évaluation des dépréciations.*

Le bilan, le compte de résultat et l'annexe forment un tout indissociable :

| |
|---|
| Bilan |
| + Compte de résultat |
| + Annexe |
| = Tableaux de synthèse |

Par dérogation, toutes ***les micro-entreprises*** au sens comptable (personnes physiques ou morales) sont désormais dispensées d'établir l'annexe. Il s'agit d'entreprises qui ne dépassent pas, pendant deux exercices successifs, deux des trois seuils suivants : 350 K€ de total de bilan, 700 K€ de chiffre d'affaires net, 10 salariés.

## 2 Les informations de l'annexe

Actuellement, l'annexe fournit des informations d'ordre :

| | |
|---|---|
| **Économique et financier** → | Modes et méthodes d'évaluation<br>Évolution de certains postes<br>Modes de calcul des amortissements, des dépréciations et des provisions<br>Inventaire du portefeuille de titres de placement<br>Utilisation du crédit d'impôt pour la compétitivité et l'emploi (CICE)<br>... |
| **Juridique** → | Montants des engagements financiers<br>Structure du capital<br>Dettes garanties par des sûretés réelles<br>... |
| **Fiscal** → | Répartition de l'impôt entre le résultat courant et le résultat exceptionnel<br>... |
| **Social** → | Effectif des salariés<br>Montant de la masse salariale<br>Montant des sommes versées au titre des avantages sociaux<br>... |

Les informations de l'annexe sont généralement structurées en ***cinq parties*** :

- faits caractéristiques de l'exercice ;
- principes comptables, règles et méthodes d'évaluation, comparabilité des comptes ;
- notes relatives aux postes de bilan ;
- notes relatives au compte de résultat ;
- autres informations : événements postérieurs à la clôture, engagements financiers et autres opérations non inscrites au bilan, aspects environnementaux...

Aucune présentation normalisée n'est imposée.

Toutefois, dans le cadre de la transposition en droit interne des dispositions de la directive comptable unique, l'ordonnance et le décret du 23 juillet 2015 relatifs aux obligations comptables des commerçants prévoient, des modifications importantes relatives au contenu de l'annexe pour tenir compte notamment :

- de la présentation imposée des informations ;
- des obligations d'informations selon les catégories comptables des entreprises (petites entreprises, moyennes entreprises, grandes entreprises) avec un socle d'informations minimales pour toute entreprise.

Ainsi, le contenu de l'annexe des petites entreprises au sens comptable est unifié et constitue le socle commun d'informations.

Un règlement de l'ANC fixera le contenu de l'annexe pour chaque catégorie d'entreprise.

## 3 Les tableaux de l'annexe comptable

Le Plan comptable général préconise pour certaines informations l'utilisation de ***tableaux*** sachant qu'ils ne dispensent pas de commentaires significatifs.

Les tableaux de l'***annexe en système de base***, présentés dans ce chapitre, sont au nombre de ***sept*** et comportent les renseignements suivants :

TABLEAUX DE L'ANNEXE

→ **Tableau des immobilisations (art. 832-1)**
Suivi des mouvements de l'ensemble des immobilisations

→ **Tableau des amortissements (art. 832-2)**
Analyse des mouvements des amortissements de l'exercice
Modalités de calcul

→ **Tableau des dépréciations (art. 832-3)**
Analyse des mouvements des dépréciations de l'exercice

→ **Tableau des provisions (art. 832-4)**
Analyse des mouvements des provisions de l'exercice

→ **État des échéances des créances et dettes à la clôture de l'exercice (art. 832-5)**
Ventilation des créances par degré de liquidité (délai d'encaissement)
Ventilation des dettes par degré d'exigibilité (délai de paiement)

→ **Tableau des filiales et participations (art. 832-6)**
Liste des filiales (+ 50 % du capital détenu par la société)
Liste des participations (10 à 50 % du capital détenu par la société)
Renseignements concernant les capitaux propres, le résultat, le chiffre d'affaires, les titres, les prêts, avances, cautions et avals

→ **Tableaux du portefeuille des TIAP (art. 832-7)**
Valeur estimative du portefeuille de TIAP
Variation de la valeur du portefeuille de TIAP

Les tableaux relatifs au ***système développé*** sont respectivement étudiés dans les chapitres 6, 7 et 18. Il s'agit des tableaux suivants :

- article 832-8 Tableau des soldes intermédiaires de gestion
- article 832-9 Détermination de la capacité d'autofinancement
- article 832-10 Modèle de tableau des emplois et des ressources

## 4 La présentation des tableaux en système de base

Les modèles de tableaux, en ***système de base***, prévus par le Plan comptable général sont les suivants :

### Art. 832-1 Tableau des immobilisations

### I. Cadre général

| Situations et mouvements (b) / Rubriques (a) | A | B | C | D |
|---|---|---|---|---|
| | Valeur brute à l'ouverture de l'exercice | Augmentations | Diminutions | Valeur brute à la clôture de l'exercice (c) |
| Immobilisations incorporelles ............. <br> Immobilisations corporelles ................ <br> Immobilisations financières ................ | | | | |
| **Total** ................................................ | | | | |

*(a)* À développer si nécessaire selon la nomenclature des postes du bilan. Lorsqu'il existe des frais d'établissement, ils doivent faire l'objet d'une ligne séparée.
*(b)* Les entités subdivisent les colonnes pour autant que de besoin [cf. ci-dessous développement des colonnes B (augmentations) et C (diminutions)].
*(c)* La valeur brute à la clôture de l'exercice est la somme algébrique des colonnes précédentes (A + B – C = D).

### II. Aménagement du cadre général

1. Développement de la colonne **B** (augmentations) →

| Augmentations de l'exercice | Ventilation des augmentations | | | | |
|---|---|---|---|---|---|
| | Virements | | Entrées | | |
| | De poste à poste | Provenant de l'actif circulant | Acquisitions | Apports | Créations |

2. Développement de la colonne **C** (diminutions) →

| Diminutions de l'exercice | Ventilation des diminutions | | | | |
|---|---|---|---|---|---|
| | Virements | | Sorties | | |
| | De poste à poste | À destination de l'actif circulant | Cessions | Scissions | Mises hors service |

# Art. 832-2 Tableau des amortissements

## I. Cadre général

| Situations et mouvements (b) / Rubriques (a) | A | B | C | D |
|---|---|---|---|---|
| | Amortissements cumulés au début de l'exercice | Augmentations Dotations de l'exercice | Diminutions d'amortissements de l'exercice | Amortissements cumulés à la fin de l'exercice (c) |
| Immobilisations incorporelles ............. | | | | |
| Immobilisations corporelles ................ | | | | |
| Immobilisations financières ................ | | | | |
| **Total** ................................................ | | | | |

*(a)* À développer si nécessaire selon la même nomenclature que celle du tableau des immobilisations.
*(b)* Les entités subdivisent les colonnes pour autant que de besoin [cf. ci-dessous développement des colonnes B (augmentations) et C (diminutions)].
*(c)* Les amortissements cumulés à la fin de l'exercice sont égaux à la somme algébrique des colonnes précédentes (A + B – C = D).

## II. Aménagement du cadre général

1. Développement de la colonne **B** (augmentations) →

| Dotations de l'exercice | Ventilation des augmentations | | | |
|---|---|---|---|---|
| | Compléments liés à une réévaluation | Sur éléments amortis selon mode linéaire | Sur éléments amortis selon autre mode | Dotations exceptionnelles |

2. Développement de la colonne **C** (diminutions) →

| Diminutions de l'exercice | Ventilation des diminutions | | |
|---|---|---|---|
| | Éléments transférés à l'actif circulant | Éléments cédés | Éléments mis hors service |

## Art. 832-3 Tableau des dépréciations

### I. Cadre général

| Situations et mouvements (b) / Rubriques (a) | A<br>Dépréciations au début de l'exercice | B<br>Augmentations Dotations de l'exercice | C<br>Diminutions Reprises de l'exercice | D<br>Dépréciations à la fin de l'exercice (c) |
|---|---|---|---|---|
| Immobilisations incorporelles ............. | | | | |
| Immobilisations corporelles ................ | | | | |
| Immobilisations financières ................ | | | | |
| Stocks................................................ | | | | |
| Créances ........................................... | | | | |
| Valeurs mobilières de placement ......... | | | | |
| **Total** ............................................... | | | | |

*(a)* À développer si nécessaire.
*(b)* Les entités subdivisent les colonnes pour autant que de besoin.
*(c)* Le montant des dépréciations à la fin de l'exercice est égal à la somme algébrique des colonnes précédentes (A + B – C = D).

Outre les tableaux présentés ci-dessus, l'annexe doit comporter des informations détaillées sur les amortissements et les dépréciations des actifs et de leurs composants.

Citons notamment :

– les modalités de calcul (mode d'amortissement, durée de l'amortissement, taux d'amortissement…) ;

– les valeurs retenues (valeur résiduelle, valeur actuelle…) ;

– les postes du compte de résultat dans lesquels sont incluses les dotations ;

– …

# Art. 832-4 Tableau des provisions

## I. Cadre général

| Situations et mouvements (b) / Rubriques (a) | A | B | C | | D |
|---|---|---|---|---|---|
| | | | Diminutions | | |
| | Provisions au début de l'exercice | Augmentations Dotations de l'exercice | Montants utilisés au cours de l'exercice | Montants non utilisés repris au cours de l'exercice | Provisions à la fin de l'exercice (c) |
| Provisions réglementées ..........<br>Provisions pour risques ............<br>Provisions pour charges ........... | | | | | |
| **Total** ...................................... | | | | | |

*(a)* À développer si nécessaire (le cas échéant, il convient de mettre en évidence entre autres les provisions pour pensions et obligations similaires, les provisions pour impôts, les provisions pour renouvellement des immobilisations concédées...).

*(b)* Les entités subdivisent les colonnes pour autant que de besoin [cf. ci-dessous développement des colonnes B (augmentations) et C (diminutions)].

*(c)* Le montant des provisions à la fin de l'exercice est égal à la somme algébrique des colonnes précédentes (A + B – C = D).

## II. Aménagement du cadre général

1. Développement de la colonne **B** (augmentations) →

| Dotations de l'exercice | Ventilation des dotations | | |
|---|---|---|---|
| | Exploitation | Financier | Exceptionnel |

2. Développement de la colonne **C** (diminutions) →

| Reprises de l'exercice | Ventilation des reprises | | |
|---|---|---|---|
| | Exploitation | Financier | Exceptionnel |

## Art. 832-5 État des échéances des créances et des dettes à la clôture de l'exercice

| Créances (a) | Montant brut | Liquidité de l'actif | |
|---|---|---|---|
| | | Échéances à 1 an au plus | Échéances à plus 1 an |
| **Créances de l'actif immobilisé** :<br>Créances rattachées à des participations<br>Prêts (1)<br>Autres<br>**Créances de l'actif circulant** :<br>Créances Clients et Comptes rattachés<br>Autres<br>Capital souscrit – appelé, non versé<br>Charges constatées d'avance | | | |
| **Total** | | | |
| (1) Prêts accordés en cours d'exercice<br>Prêts récupérés en cours d'exercice | | | |

***(a)*** Non compris les avances et acomptes versés sur commandes en cours.

| Dettes (b) | Montant brut | Degré d'exigibilité du passif | | |
|---|---|---|---|---|
| | | Échéances à 1 an au plus | Échéances à plus 1 an | Échéances à plus 5 ans |
| Emprunts obligataires convertibles (2)<br>Autres emprunts obligataires (2)<br>Emprunts (2) et dettes auprès des établissements de crédit dont:<br>– à 2 ans au maximum à l'origine<br>– à plus de 2 ans à l'origine<br>Emprunts et dettes financières divers (2) (3)<br>Dettes Fournisseurs et Comptes rattachés<br>Dettes fiscales et sociales<br>Dettes sur immobilisations et Comptes rattachés<br>Autres dettes (3)<br>Produits constatés d'avance | | | | |
| **Total** | | | | |
| (2) Emprunts souscrits en cours d'exercice<br>Emprunts remboursés en cours d'exercice<br>(3) Dont..... envers les associés (indication du poste concerné..... | | | | |

***(b)*** Non compris les avances et acomptes reçus sur commandes en cours.

## Art. 832-6 Tableau des filiales et participations

| Informations financières (5) / Filiales et participations (1) | Capital (6) | Réserves et report à nouveau avant affectation des résultats (6) (9) | Quote-part du capital détenue (en pourcentage) | Valeurs comptables des titres détenus (7) | | Prêts et avances consentis par la société et non encore remboursés (8) | Montant des cautions et avals donnés par la société | Chiffre d'affaires hors taxes du dernier exercice écoulé (9) | Résultats (bénéfice ou perte du dernier exercice clos) (9) | Dividendes encaissés par la société au cours de l'exercice | Observations |
|---|---|---|---|---|---|---|---|---|---|---|---|
| | | | | Brute | Nette | | | | | | |
| **A. Renseignements détaillés concernant les filiales et les participations ci-dessous (2) (3).** | | | | | | | | | | | |
| 1. Filiales (à détailler) ........................................... (+ de 50 % du capital détenu par la société). | | | | | | | | | | | |
| 2. Participations (à détailler)................................ (10 à 50 % du capital détenu par la société). | | | | | | | | | | | |
| **B. Renseignements globaux concernant les autres filiales ou participations** | | | | | | | | | | | |
| 1. Filiales non reprises au § A. | | | | | | | | | | | |
| a. Filiales françaises (ensemble)........................ | | | | | | | | | | | |
| b. Filiales étrangères (ensemble) (4)................. | | | | | | | | | | | |
| 2. Participations non reprises au § A | | | | | | | | | | | |
| a. Dans les sociétés françaises (ensemble)........ | | | | | | | | | | | |
| b. Dans les sociétés étrangères (ensemble)....... | | | | | | | | | | | |

(1) Pour chacune des filiales et des entités avec lesquelles la société a un lien de participation, indiquer s'il y a lieu le numéro d'identification national (numéro SIREN).

(2) Dont la valeur d'inventaire excède un certain pourcentage (déterminé par la réglementation) du capital de la société astreinte à la publication. Lorsque la société a annexé à son bilan, un bilan des comptes consolidés conformément à la réglementation, cette société ne donne des renseignements que globalement (§ B) en distinguant (a) filiales françaises (ensemble) et (b) filiales étrangères (ensemble).

(3) Pour chaque filiale et entité avec laquelle la société a un lien de participation indiquer la dénomination et le siège social.

(4) Les filiales et participations étrangères qui, par suite d'une dérogation, ne seraient pas inscrites au § A sont inscrites sous ces rubriques.

(5) Mentionner au pied du tableau la parité entre l'euro et les autres devises.

(6) Dans la monnaie locale d'opération.

(7) Si le montant inscrit a été réévalué, indiquer le montant de l'écart de réévaluation dans la colonne Observations.

(8) Mentionner dans cette colonne le total des prêts et avances (sous déduction des remboursements) à la clôture de l'exercice et, dans la colonne Observations, les provisions constituées le cas échéant.

(9) S'il s'agit d'un exercice dont la clôture ne coïncide pas avec celle de l'exercice de la société, le préciser dans la colonne Observations.

## Art. 832-7 Tableaux du portefeuille de TIAP

## Valeur estimative du portefeuille de TIAP

| Exercice / Décomposition | Montant à l'ouverture de l'exercice | | | Montant à la clôture de l'exercice | | |
|---|---|---|---|---|---|---|
| | Valeur comptable brute | Valeur comptable nette | Valeur estimative | Valeur comptable brute | Valeur comptable nette | Valeur estimative |
| Fractions du portefeuille évaluées :<br>– au coût de revient ....................<br>– au cours de bourse ..................<br>– d'après la situation nette ..........<br>– d'après la situation nette réestimée ................................<br>– d'après une valeur de rendement ou de rentabilité ......<br>– d'après d'autres méthodes à préciser)................................ | | | | | | |
| **Valeur estimative du portefeuille** .......................... | | | | | | |

## Variation de la valeur du portefeuille de TIAP

| Valeur du portefeuille / Mouvements de l'exercice | Valeur comptable nette | Valeur estimative |
|---|---|---|
| Montant à l'ouverture de l'exercice .................................................................... | | |
| Acquisition de l'exercice .................................................................................... | | |
| Cession de l'exercice (en prix de vente)............................................................... | | |
| Reprises de dépréciations sur titres cédés | | |
| Plus-values sur cessions de titres : | | |
| – détenus au début de l'exercice........................................................................ | | |
| – acquis dans l'exercice...................................................................................... | | |
| Variation de la dépréciation du portefeuille ......................................................... | | |
| Autres variations de plus-values latentes : | | |
| – sur titres acquis dans l'exercice........................................................................ | | |
| – sur titres acquis antérieurement ....................................................................... | | |
| Autres mouvements comptables (à préciser)........................................................ | | |
| **Montant à la clôture de l'exercice**.................................................................. | | |

# Synthèse corrigée sur les comptes annuels

Chapitre **5**

## 1 Énoncé

La société Monceau, vous remet l'extrait de la balance après inventaire reproduit ci-dessous :

| N° | Intitulé des comptes | Soldes | |
|---|---|---|---|
| | | **Débiteurs** | **Créditeurs** |
| 101 | Capital | | 2 000 000 |
| 106 | Réserves | | 3 200 000 |
| 110 | Report à nouveau créditeur | | 2 000 |
| 140 | Provisions réglementées | | 60 000 |
| 151 | Provisions pour risques | | 40 000 |
| 157 | Provisions pour charges | | 85 000 |
| 164 | Emprunt auprès des établissements de crédit | | 3 900 000 |
| 1688 | Intérêt courus | | 130 000 |
| 201 | Frais d'établissement | 50 000 | |
| 207 | Fonds commercial | 900 000 | |
| 211 | Terrains | 1 300 000 | |
| 213 | Constructions | 3 000 000 | |
| 215 | Installations techniques, matériel et outillage industriels | 1 700 000 | |
| 2182 | Matériel de transport | 120 000 | |
| 2183 | Matériel de bureau et matériel informatique | 75 000 | |
| 2184 | Mobilier | 60 000 | |
| 261 | Titres de participation | 2 200 000 | |
| 275 | Dépôts et cautionnements versés | 800 | |
| 2801 | Amortissements des frais d'établissement | | 30 000 |
| 2813 | Amortissements des constructions | | 500 000 |
| 2815 | Amortissements des installations techniques, matériel et outillage industriels | | 600 000 |
| 28182 | Amortissements du matériel de transport | | 40 000 |
| 28183 | Amortissements du matériel de bureau et matériel informatique | | 25 000 |
| 28184 | Amortissements du mobilier | | 30 000 |
| 2961 | Dépréciations des titres de participation | | 120 000 |
| 310 | Matières premières | 700 000 | |
| 320 | Autres approvisionnements | 400 000 | |
| 350 | Stocks de produits | 300 000 | |
| 370 | Stocks de marchandises | 250 000 | |
| 391 | Dépréciations des matières premières | | 40 000 |
| 401 | Fournisseurs | | 900 000 |
| 403 | Fournisseurs – Effets à payer | | 650 000 |
| 408 | Fournisseurs – Factures non parvenues | | 60 000 |
| 4096 | Fournisseurs – Créances pour emballages et matériel à rendre | 6 200 | |
| 4098 | Rabais, remises, ristournes à obtenir et autres avoirs à établir | 500 | |

| N° | Intitulé des comptes | Soldes | |
|---|---|---|---|
| | | Débiteurs | Créditeurs |
| 411 | Clients | 1 700 000 | |
| 413 | Clients – Effets à recevoir | 200 000 | |
| 416 | Clients douteux | 400 000 | |
| 4181 | Clients – Factures à établir | 190 000 | |
| 4196 | Clients – Dettes sur emballages et matériels consignés | | 8 400 |
| 421 | Personnel – Rémunérations dues | | 30 000 |
| 428 | Personnel – Charges à payer | | 115 000 |
| 431 | Sécurité sociale | | 130 000 |
| 438 | Organismes sociaux – Charges à payer | | 94 000 |
| 444 | État – Impôts sur les bénéfices | 760 000 | |
| 44551 | TVA à décaisser | | 120 000 |
| 481 | Charges à répartir sur plusieurs exercices | 80 000 | |
| 486 | Charges constatées d'avance | 2 000 | |
| 487 | Produits constatés d'avance | | 400 |
| 491 | Dépréciations des comptes de clients | | 41 000 |
| 500 | Valeurs mobilières de placement | 70 000 | |
| 512 | Banques | 92 800 | |
| 514 | Chèques postaux | 9 000 | |
| 530 | Caisse | 3 000 | |
| 590 | Dépréciations des valeurs mobilières de placement | | 6 000 |
| 601 | Matières premières | 4 500 000 | |
| 602 | Autres approvisionnements | 300 000 | |
| 6031 | Variation des stocks de matières premières | 550 000 | |
| 6032 | Variation des stocks des autres approvisionnements | | 105 000 |
| 6037 | Variation des stocks de marchandises | | 30 000 |
| 606 | Achats non stockés de matières et fournitures | 300 000 | |
| 607 | Achats de marchandises | 3 920 000 | |
| 6091 | Rabais, remises et ristournes obtenus sur achats de matières premières | | 40 000 |
| 6097 | Rabais, remises et ristournes obtenus sur achats de marchandises | | 30 000 |
| 613 | Locations | 380 000 | |
| 615 | Entretien et réparations | 700 000 | |
| 616 | Primes d'assurance | 325 000 | |
| 623 | Publicité, publications, relations publiques | 600 000 | |
| 626 | Frais postaux et de télécommunications | 300 000 | |
| 627 | Services bancaires et assimilés | 60 400 | |
| 631 | Impôts, taxes et versements assimilés sur rémunérations | 600 000 | |
| 635 | Autres impôts, taxes et versements assimilés | 300 000 | |
| 641 | Rémunérations du personnel | 3 200 000 | |
| 645 | Charges de sécurité sociale et de prévoyance | 1 600 000 | |
| 654 | Pertes sur créances irrécouvrables | 3 600 | |
| 661 | Charges d'intérêts | 710 000 | |
| 665 | Escomptes accordés | 11 000 | |
| 667 | Charges nettes sur cessions de valeurs mobilières de placement | 1 900 | |
| 675 | Valeurs comptables des éléments d'actif cédés | 9 600 | |
| 6811 | Dotations aux amortissements des immobilisations incorporelles et corporelles | 240 000 | |
| 6812 | Dotations aux amortissements des charges d'exploitation à répartir | 20 000 | |
| 6815 | Dotations aux provisions d'exploitation | 30 000 | |
| 6817 | Dotations aux dépréciations des actifs circulants | 41 000 | |
| 6866 | Dotations aux dépréciations des éléments financiers | 3 000 | |
| 6872 | Dotations aux provisions réglementées (immobilisations) | 21 000 | |
| 701 | Ventes de produits finis | | 15 000 000 |
| 706 | Prestations de services | | 400 000 |
| 707 | Ventes de marchandises | | 4 000 000 |
| 708 | Produits des activités annexes | | 470 000 |

| N° | Intitulé des comptes | Soldes | |
|---|---|---|---|
| | | Débiteurs | Créditeurs |
| 7091 | Rabais, remises et ristournes accordés par l'entreprise sur produits finis | 60 000 | |
| 7097 | Rabais, remises et ristournes accordés par l'entreprise sur ventes de marchandises | 12 000 | |
| 7135 | Variation des stocks de produits | | 60 000 |
| 720 | Production immobilisée | | 30 000 |
| 740 | Subventions d'exploitation | | 10 000 |
| 761 | Produits de participations | | 180 000 |
| 764 | Revenus des valeurs mobilières de placement | | 7 800 |
| 765 | Escomptes obtenus | | 600 |
| 767 | Produits nets sur cessions de valeurs mobilières de placement | | 800 |
| 775 | Produits des cessions d'éléments d'actif | | 2 500 |
| 7817 | Reprises sur dépréciations des actifs circulants | | 9 000 |
| 7866 | Reprises sur dépréciations des éléments financiers | | 300 |
| 791 | Transferts de charges d'exploitation | | 35 000 |
| | **Total** | 33 367 800 | 33 367 800 |

Le chef comptable vous informe que l'impôt sur les sociétés de l'exercice N s'élève à 840 000 €. Il a été comptabilisé postérieurement à l'établissement de la balance.

*1) Établir le compte de résultat, pour l'exercice N, en système développé.*

*2) Présenter le bilan après impôt pour l'exercice N, en système développé.*

*3) Présenter le tableau des amortissements sachant :*

- *d'une part, qu'un matériel industriel d'une valeur d'acquisition de 4 000 € hors taxes et totalement amorti a été cédé au cours de l'exercice N ;*
- *d'autre part, que le compte « 6811 Dotations aux amortissements des immobilisations incorporelles et corporelles » comprend 10 000 € de dotations aux amortisssements des immobilisations incorporelles.*

## 2 Corrigé

### 1) Le compte de résultat en système développé

Calculs préparatoires

Achats nets de matières premières (comptes **601** – **6091**) :

4 500 000 – 40 000 = 4 460 000

Achats nets de marchandises (comptes **607** – **6097**) :

3 920 000 – 30 000 = 3 890 000

Variation des stocks de matières premières et autres approvisionnements (comptes **6031** – **6032**) :

550 000 – 105 000 = + 445 000

Autres services extérieurs (comptes **61 et 62 – 619 et 629**) :

380 000 + 700 000 + 325 000 + 600 000 + 300 000 + 60 400 = 2 365 400

Ventes nettes de marchandises (comptes **707 – 7097**) :

4 000 000 – 12 000 = 3 988 000

Ventes de produits finis (comptes **70, 702 et 703 – 7091 et 7092**) :

15 000 000 – 60 000 = 14 940 000

Prestations de services (comptes **706 et 708 – 7096 et 7098**) :

400 000 + 470 000 – 0 = 870 000

Compte de résultat

| **CHARGES (hors taxes)** | **Exercice N** | | **Exercice N – 1** |
|---|---|---|---|
| | | **Totaux partiels** | **Totaux partiels** |
| **Charges d'exploitation** (1) : | | | |
| Coût d'achat des marchandises vendues dans l'exercice | | 3 860 000 | |
| Achats de marchandises *(a)* | 3 890 000 | | |
| Variation des stocks de marchandises *(b)* | – 30 000 | | |
| Consommations de l'exercice en provenance de tiers | | 7 870 400 | |
| Achats stockés d'approvisionnements *(a)* : | | | |
| Matières premières | 4 460 000 | | |
| Autres approvisionnements | 300 000 | | |
| Variation des stocks d'approvisionnements *(b)* | + 445 000 | | |
| Achats de sous-traitance | | | |
| Achats non stockés de matières et fournitures | 300 000 | | |
| Services extérieurs : | | | |
| Personnel extérieur | | | |
| Loyers en crédit-bail *(c)* | | | |
| Autres | 2 365 400 | | |
| Impôts, taxes et versements assimilés | | 900 000 | |
| Sur rémunérations | 600 000 | | |
| Autres | 300 000 | | |
| Charges de personnel | | 4 800 000 | |
| Salaires et traitements | 3 200 000 | | |
| Charges sociales | 1 600 000 | | |
| Dotations aux amortissements et dépréciations | | 331 000 | |
| Sur immobilisations : dotations aux amortissements *(d)* | 260 000 | | |
| Sur immobilisations : dotations aux dépréciations | | | |
| Sur actif circulant : dotations aux dépréciations | 41 000 | | |
| Dotations aux provisions | 30 000 | | |
| Autres charges | | 3 600 | |
| **TOTAL** | | 17 765 000 | |

| | | | |
|---|---|---|---|
| **Quotes-parts de résultat sur opérations faites en commun** ................ | | | |
| **Charges financières :** | | 725 900 | |
| Dotations aux amortissements, dépréciations et provisions...................... | 3 000 | | |
| Intérêts et charges assimilées (2) ................................................ | 721 000 | | |
| Différences négatives de change ................................................ | | | |
| Charges nettes sur cessions de valeurs mobilières de placement.............. | 1 900 | | |
| **Charges exceptionnelles :** | | 30 600 | |
| Sur opérations de gestion ................................................ | | | |
| Sur opérations en capital :<br>Valeurs comptables des éléments immobilisés et financiers cédés *(e)* .....<br>Autres ................................................ | 9 600 | | |
| Dotations aux amortissements, dépréciations et provisions :<br>Dotations aux provisions réglementées ................................................<br>Dotations aux amortissements................................................<br>Dotations aux dépréciations ................................................<br>Dotations aux autres provisions ................................................ | 21 000 | | |
| **Participation des salariés aux résultats** ................................................ | | | |
| **Impôts sur les bénéfices**................................................ | | 840 000 | |
| Solde créditeur = **bénéfice** ................................................ | | 772 500 | |
| **TOTAL GÉNÉRAL** ................................................ | | 20 134 000 | |

(1) Dont charges afférentes à des exercices antérieurs. Les conséquences des corrections d'erreurs significatives, calculées après impôt, sont présentées sur une ligne séparée sauf s'il s'agit de corriger une écriture ayant été directement imputée sur les capitaux propres.
(2) Dont intérêts concernant les entités liées.

*(a)* Y compris frais accessoires.
*(b)* Stock initial moins stock final : montant de la variation en moins entre parenthèses ou précédé du signe (–).
*(c)* À ventiler en « mobilier » et « immobilier ».
*(d)* Y compris éventuellement dotations aux amortissements des charges à répartir.
*(e)* À l'exception des valeurs mobilières de placement.

| PRODUITS (hors taxes) | Exercice N | | Exercice N – 1 |
|---|---|---|---|
| | | Totaux partiels | Totaux partiels |
| **Produits d'exploitation** (1) : | | | |
| Ventes de marchandises | | 3 988 000 | |
| Production vendue | | 15 810 000 | |
| Ventes | 14 940 000 | | |
| Travaux | | | |
| Prestations de services | 870 000 | | |
| **Montant net du chiffre d'affaires** | | 19 798 000 | |
| *dont à l'exportation* | | | |
| Production stockée *(a)* | | 60 000 | |
| En-cours de production de biens *(a)* | | | |
| En-cours de production de services *(a)* | | | |
| Produits *(a)* | 60 000 | | |
| Production immobilisée | | 30 000 | |
| Subventions d'exploitation | | 10 000 | |
| Reprises sur dépréciations, provisions (et amortissements) | | 9 000 | |
| Transferts de charges | | 35 000 | |
| Autres produits | | | |
| **TOTAL** | | 19 942 000 | |
| **Quotes-parts de résultat sur opérations faites en commun** | | | |
| **Produits financiers :** | | | |
| De participation (2) | | 180 000 | |
| D'autres valeurs mobilières et créances de l'actif immobilisé (2) | | 8 400 | |
| Autres intérêts et produits assimilés (2) | | 300 | |
| Reprises sur dépréciations, provisions et transferts de charges financières | | | |
| Différences positives de change | | | |
| Produits nets sur cessions de valeurs mobilières de placement | | 800 | |

| | | | |
|---|---|---|---|
| **Produits exceptionnels :** | | | |
| Sur opérations de gestion | | | |
| Sur opérations en capital : | | | |
| – produits des cessions d'éléments d'actif *(b)* | | 2 500 | |
| – subventions d'investissement virées au résultat de l'exercice | | | |
| – autres | | | |
| Reprises sur dépréciations et provisions, transferts de charges exceptionnelles | | | |
| Solde débiteur = **perte** | | | |
| **TOTAL GÉNÉRAL** | | 20 134 000 | |

(1) Dont produits afférents à des exercices antérieurs. Les conséquences des corrections d'erreurs significatives, calculées après impôt, sont présentées sur une ligne séparée sauf s'il s'agit de corriger une écriture ayant été directement imputée sur les capitaux propres.
(2) Dont produits concernant les entités liées.

*(a)* Stock final moins stock initial : montant de la variation en moins entre parenthèses ou précédé du signe (–) dans le cas de déstockage de production.
*(b)* À l'exception des valeurs mobilières de placement.

## 2) Le bilan en système développé

### Calculs préparatoires

Immobilisations corporelles :

Autres (comptes **218**) :

120 000 + 75 000 + 60 000 = 255 000

Créances :

Créances clients et comptes rattachés (comptes **411 + 413 + 416 + 418**) :

1 700 000 + 200 000 + 400 000 + 190 000 = 2 490 000

Autres comptes (comptes **4096 + 4098**) :

6 200 + 500 = 6 700

Disponibilités (comptes **512 + 514 + 530**) :

92 800 + 9 000 + 3 000 = 104 800

Dettes fournisseurs et comptes rattachés (comptes **401 + 403 + 408**) :

900 000 + 650 000 + 60 000 = 1 610 000

Dettes fiscales et sociales (comptes **421 + 428 + 431 + 438 + 44551**) :

30 000 + 115 000 + 130 000 + 94 000 + 120 000 = 489 000

Dettes fiscales et sociales (impôts sur les bénéfices) :

Le compte **444** après enregistrement de l'impôt sur les sociétés présente un solde de :

| | | | | |
|---|---|---|---|---|
| Impôt sur les sociétés N | – | Sommes des quatre acomptes | | |
| 840 000 | – | 760 000 | = | 80 000 |

## Bilan

| ACTIF | Exercice N Brut | Exercice N Amortissements et dépréciations (à déduire) | Exercice N Net | Exercice N – 1 Net |
|---|---|---|---|---|
| Capital souscrit - non appelé | | | | |
| ACTIF IMMOBILISÉ *(a)* : | | | | |
| Immobilisations incorporelles : | | | | |
| Frais d'établissement | 50 000 | 30 000 | 20 000 | |
| Frais de recherche et de développement | | | | |
| Concessions, brevets, licences, marques, procédés, logiciels, droits et valeurs similaires | | | | |
| Fonds commercial (1) | 900 000 | | 900 000 | |
| Autres | | | | |
| Immobilisations incorporelles en cours | | | | |
| Avances et acomptes | | | | |
| Immobilisations corporelles : | | | | |
| Terrains | 1 300 000 | | 1 300 000 | |
| Constructions | 3 000 000 | 500 000 | 2 500 000 | |
| Installations techniques, matériel et outillage industriels | 1 700 000 | 600 000 | 1 100 000 | |
| Autres | 255 000 | 95 000 | 160 000 | |
| Immobilisations corporelles en cours | | | | |
| Avances et acomptes | | | | |
| Immobilisations financières (2) : | | | | |
| Participations *(b)* | 2 200 000 | 120 000 | 2 080 000 | |
| Créances rattachées à des participations | | | | |
| Titres immobilisés de l'activité de portefeuille | | | | |
| Autres titres immobilisés | | | | |
| Prêts | | | | |
| Autres | 800 | | 800 | |
| **TOTAL I** | 9 405 800 | 1 345 000 | 8 060 800 | |

| | | | | |
|---|---|---|---|---|
| ACTIF CIRCULANT : | | | | |
| Stocks et en-cours *(a)* : | | | | |
| Matières premières et autres approvisionnements .. | 1 100 000 | 40 000 | 1 060 000 | |
| En-cours de production [biens et services] *(c)* ......... | | | | |
| Produits intermédiaires et finis .............................. | 300 000 | | 300 000 | |
| Marchandises........................................................ | 250 000 | | 250 000 | |
| Avances et acomptes versés sur commandes ........... | | | | |
| Créances (3) : | | | | |
| Créances Clients (a) et Comptes rattachés *(d)* ........ | 2 490 000 | 41 000 | 2 449 000 | |
| Autres ................................................................. | 6 700 | | 6 700 | |
| Créances diverses ................................................... | | | | |
| Capital souscrit - appelé, non versé ......................... | | | | |
| Valeurs mobilières de placement *(e)* : | | | | |
| Actions propres..................................................... | | | | |
| Autres titres ......................................................... | 70 000 | 6 000 | 64 000 | |
| Instruments de trésorerie ........................................ | | | | |
| Disponibilités......................................................... | 104 800 | | 104 800 | |
| Charges constatées d'avance (3).............................. | 2 000 | | 2 000 | |
| **TOTAL II** ................................................... | 4 323 500 | 87 000 | 4 236 500 | |
| Charges à répartir sur plusieurs exercices **(III)** .......... | 80 000 | | 80 000 | |
| Primes de remboursement des emprunts **(IV)** .......... | | | | |
| Écarts de conversion Actif **(V)**................................. | | | | |
| **TOTAL GÉNÉRAL (I + II + III + IV + V)**........ | 13 809 300 | 1 432 000 | 12 377 300 | |
| (1) Dont droit au bail<br>(2) Dont à moins d'un an (brut)<br>(3) Dont à plus d'un an (brut) | | | | |

*(a)* Les actifs avec clause de réserve de propriété sont regroupés sur une ligne distincte portant la mention « dont ... € avec clause de réserve de propriété ». En cas d'impossibilité d'identifier les biens, un renvoi au pied du bilan indique le montant restant à payer sur ces biens. Le montant à payer comprend celui des effets non échus.

*(b)* Si des titres sont évalués par équivalence, ce poste est subdivisé en deux sous-postes « Participations évaluées par équivalence » et « Autres participations ». Pour les titres évalués par équivalence, la colonne « Brut » présente la valeur globale d'équivalence si elle est supérieure au coût d'acquisition. Dans le cas contraire, le prix d'acquisition est retenu. La dépréciation globale du portefeuille figure dans la 2e colonne. La colonne « Net » présente la valeur globale d'équivalence positive ou une valeur nulle.

*(c)* À ventiler, le cas échéant, entre biens, d'une part, et services d'autre part.

*(d)* Créances résultant de ventes ou de prestations de services.

*(e)* Poste à servir directement s'il n'existe pas de rachat par l'entité de ses propres actions.

| PASSIF | Exercice N | Exercice N – 1 |
|---|---|---|
| CAPITAUX PROPRES* | | |
| Capital [dont versé...] *(a)* | 2 000 000 | |
| Primes d'émission, de fusion, d'apport | | |
| Écarts de réévaluation *(b)* | | |
| Écart d'équivalence *(c)* | | |
| Réserves : | | |
| Réserve légale | 200 000 | |
| Réserves statutaires ou contractuelles | | |
| Réserves réglementées | | |
| Autres | 3 000 000 | |
| Report à nouveau *(d)* | 2 000 | |
| Résultat de l'exercice [bénéfice ou perte] *(e)* | 772 500 | |
| Subventions d'investissement | | |
| Provisions réglementées | 60 000 | |
| **TOTAL I** | 6 034 500 | |
| PROVISIONS | | |
| Provisions pour risques | 40 000 | |
| Provisions pour charges | 85 000 | |
| **TOTAL II** | 125 000 | |
| DETTES (1) *(g)* | | |
| Dettes financières : | | |
| Emprunts obligataires convertibles | | |
| Autres emprunts obligataires | | |
| Emprunts et dettes auprès des établissements de crédit (2) | 3 900 000 | |
| Emprunts et dettes financières diverses (3) | 130 000 | |
| Avances et acomptes reçus sur commandes en cours | | |

| | | |
|---|---|---|
| Dettes d'exploitation : | | |
| Dettes Fournisseurs et Comptes rattachés *(f)* | 1 610 000 | |
| Dettes fiscales et sociales | 489 000 | |
| Autres | 8 400 | |
| Dettes diverses : | | |
| Dettes sur immobilisations et Comptes rattachés | | |
| Dettes fiscales (impôts sur les bénéfices) | 80 000 | |
| Autres | | |
| Instruments de trésorerie | | |
| Produits constatés d'avance (1) | 400 | |
| **TOTAL III** | 6 217 800 | |
| Écarts de conversion Passif **(IV)** | | |
| **TOTAL GÉNÉRAL (I + II + III + IV)** | 12 377 300 | |
| (1) Dont à plus d'un an<br>Dont à moins d'un an<br>(2) Dont concours bancaires courants et soldes créditeurs de banques<br>(3) Dont emprunts participatifs | | |

* Le cas échéant, une rubrique « Autres fonds propres » est intercalée entre la rubrique « Capitaux propres » et la rubrique « Provisions » avec ouverture des postes constitutifs de cette rubrique sur des lignes séparées (montant des émissions de titres participatifs, avances conditionnées...). Un total I *bis* fait apparaître le montant des autres fonds propres entre le total I et le total II du passif du bilan. Le total général est complété en conséquence.

*(a)* Y compris capital souscrit non appelé.

*(b)* À détailler conformément à la législation en vigueur.

*(c)* Poste à présenter lorsque des titres sont évalués par équivalence.

*(d)* Montant entre parenthèses ou précédé du signe moins (–) lorsqu'il s'agit de pertes reportées.

*(e)* Montant entre parenthèses ou précédé du signe moins (–) lorsqu'il s'agit d'une perte.

*(f)* Dettes sur achats ou prestations de services.

*(g)* À l'exception, pour l'application du (1), des avances et acomptes reçus sur commandes en cours.

## 3) Le tableau des amortissements

Pour chaque ligne du tableau, l'égalité suivante doit être respectée :

$$A + B - C = D$$

Immobilisations incorporelles :

D = 30 000 €, d'après le solde créditeur du compte porté à l'actif du bilan

C = 0

B = 10 000 €, d'après l'énoncé

A = D + C – B

20 000 = 30 000 – 10 000

Immobilisations corporelles :

D = 1 195 000 €, d'après le solde créditeur des comptes , 2813, 2815, 28183, 28184 portés à l'actif du bilan

C = 4 000 € d'après l'énoncé

B = 230 000 € d'après le solde débiteur du compte 6811 porté au compte de résultat en charges d'exploitation, diminué de 10 000 €

A = D + C – B

989 000 = 1 225 000 + 4 000 – 240 000

Tableau des amortissements :

| Situations et mouvements (b) / Rubriques (a) | A | B | C | D |
|---|---|---|---|---|
| | **Amortissements cumulés au début de l'exercice** | **Augmentations Dotations de l'exercice** | **Diminutions d'amortissements de l'exercice** | **Amortissements cumulés à la fin de l'exercice (c)** |
| Immobilisations incorporelles ............ | 20 000 | 10 000 | — | 30 000 |
| Immobilisations corporelles ............ | 969 000 | 230 000 | 4 000 | 1 195 000 |
| Immobilisations financières ............ | — | — | — | — |
| **Total** ............ | 989 000 | 240 000 | 4 000 | 1 225 000 |

*(a)* À développer si nécessaire selon la même nomenclature que celle du tableau des immobilisations.
*(b)* Les entités subdivisent les colonnes pour autant que de besoin [cf. ci-dessous développement des colonnes B (augmentations) et C (diminutions)].
*(c)* Les amortissements cumulés à la fin de l'exercice sont égaux à la somme algébrique des colonnes précédentes (A + B – C = D).

# PARTIE 2

# *L'analyse de l'activité et du risque d'exploitation*

# Les soldes intermédiaires de gestion

Chapitre **6**

## 1 Généralités

Les soldes intermédiaires de gestion ***(SIG)***, calculés à partir du compte de résultat, constituent un outil d'analyse de l'***activité*** et de la ***rentabilité*** de l'entreprise. Le calcul des SIG permet :

| | |
|---|---|
| **D'apprécier** → | la ***performance*** de l'entreprise et la création de richesses générée par son activité. |
| **De décrire** → | la ***répartition de la richesse*** créée par l'entreprise entre :<br>– les salariés et les organismes sociaux ;<br>– l'État ;<br>– les apporteurs de capitaux ;<br>– l'entreprise elle-même. |
| **De comprendre** → | la ***formation du résultat*** net en le décomposant. |

Une analyse pluriannuelle de chaque indicateur est indispensable pour comprendre sa contribution à la formation des résultats dans le temps et agir sur les postes qui le constituent.

## 2 Définition des soldes intermédiaires de gestion et de leurs ratios

### A – La marge commerciale

Elle s'obtient par différence entre les ventes de marchandises et le coût d'achat des marchandises vendues. La marge commerciale, appelée encore marge brute, concerne uniquement les entreprises commerciales ou celles ayant une activité commerciale. Elle mesure les ressources d'exploitation de l'entreprise. C'est un indicateur permettant de suivre l'***évolution d'une politique commerciale***. Elle peut être calculée par ligne de produits afin d'analyser la contribution de chacune à la formation de la marge commerciale globale de l'entreprise.

La marge commerciale s'exprime souvent en pourcentage du chiffre d'affaires :

$$\textbf{Taux de marge} = \frac{\text{Marge commerciale}}{\text{Chiffre d'affaires HT}} \times 100$$

Le taux de marge est à comparer au taux du secteur d'activité. L'analyse de son évolution dans le temps permet de juger de l'***efficacité*** de la politique commerciale.

La marge commerciale doit permettre de couvrir l'intégralité des charges mis à part les achats de marchandises.

## B – La production de l'exercice

La production de l'exercice ne concerne que les entreprises de production. Elle évalue le ***niveau d'activité de production*** de l'entreprise.

La production de l'exercice représente l'ensemble de l'activité de production de la période. Elle est constituée :

- de la production vendue ;
- de la production stockée ;
- de la production immobilisée (celle que l'entreprise a fabriquée pour elle-même).

## C – La valeur ajoutée

La valeur ajoutée est égale à la différence entre la production globale de l'entreprise (marge commerciale plus production de l'exercice) et les consommations de biens et services en provenance des tiers. Il existe une deuxième méthode de calcul de la valeur ajoutée intitulée ***méthode additive,*** non reprise dans le tableau des soldes intermédiaires de gestion (voir page 69).

La valeur ajoutée évalue la ***dimension économique*** de l'entreprise. Elle détermine la ***richesse créée*** et constituée par le travail du personnel et par l'entreprise elle-même. Elle mesure le ***poids économique*** de l'entreprise.

L'analyse dans le temps permet de mesurer la ***croissance*** ou la ***régression*** de l'entreprise.

La valeur ajoutée permet d'apprécier ***les structures de l'entreprise*** et ***leur rendement*** en la comparant aux charges de personnel, aux effectifs, aux investissements, aux résultats. Elle permet de calculer notamment :

**Le taux d'intégration**
de l'entreprise dans l'activité commerciale

$$\frac{\text{Valeur ajoutée}}{\text{Chiffre d'affaires HT}}$$

Quelle est la part de valeur ajoutée dans l'activité commerciale ?

ou

**Le taux d'intégration**
de l'entreprise dans le processus de production

$$\frac{\text{Valeur ajoutée}}{\text{Production}}$$

L'entreprise fait-elle elle-même ?
Fait-elle appel à la sous-traitance ?

## D – L'excédent brut d'exploitation (EBE)

L'excédent brut d'exploitation se calcule par différence entre la valeur ajoutée augmentée des subventions d'exploitation et les impôts (sauf l'impôt sur les sociétés), les taxes et les charges de personnel supportés par l'entreprise.

L'excédent brut d'exploitation représente la ***part de la valeur ajoutée qui revient à l'entreprise*** et ***aux apporteurs de capitaux*** (associés et prêteurs). Il indique la ressource générée par l'exploitation de l'entreprise indépendamment :

- de la politique d'amortissements (dotations) ;
- du mode de financement (charges financières).

L'excédent brut d'exploitation peut être négatif ; il s'agit alors d'une ***insuffisance brute d'exploitation*** (IBE).

L'excédent brut d'exploitation est un indicateur de la ***performance industrielle*** et ***commerciale*** ou de la rentabilité économique de l'entreprise. Il permet de calculer :

| **Le taux de rentabilité économique** | **Le poids de l'endettement de l'entreprise** | **La part de l'excédent brut d'exploitation dans la valeur ajoutée** | **Le taux de marge brute d'exploitation** |
|---|---|---|---|
| Excédent brut d'exploitation / Ressources stables | Charges d'intérêts / Excédent brut d'exploitation | Excédent brut d'exploitation / Valeur ajoutée | Excédent brut d'exploitation / Chiffre d'affaires HT |
| Quelle est la rentabilité des capitaux investis dans l'entreprise ? | Que représente le coût du financement externe dans la rentabilité de l'entreprise ? | Quelle part de richesse sert à rémunérer les apporteurs de capitaux et à renouveler le capital investi ? | Pour un euro de chiffre d'affaires que reste-t-il pour renouveler les investissements et payer les charges financières ? |

En outre, il représente un ***flux monétaire potentiel*** dégagé par l'activité principale de l'entreprise.

## E – Le résultat d'exploitation

Le résultat d'exploitation s'obtient à partir de l'excédent brut d'exploitation augmenté des autres produits d'exploitation et en soustrayant les autres charges d'exploitation. Il représente le ***résultat généré par l'activité qui conditionne l'existence de l'entreprise***. Il mesure la performance industrielle et commerciale de l'entreprise indépendamment de sa politique financière et des opérations exceptionnelles mais en tenant compte de la politique d'investissement.

Le résultat d'exploitation constitue un résultat économique net.

## F – Le résultat courant avant impôt

Le résultat courant avant impôt est égal au résultat d'exploitation majoré des produits financiers et minoré des charges financières.

Le résultat courant avant impôt mesure ***la performance de l'activité économique et financière*** de l'entreprise. Il est intéressant de le comparer au résultat d'exploitation pour analyser l'incidence de la politique financière sur la formation du résultat.

### G – Le résultat exceptionnel

Le résultat exceptionnel est calculé par différence entre les produits exceptionnels et les charges exceptionnelles.

Le résultat exceptionnel n'est pas calculé à partir d'un solde précédent. C'est le ***résultat des opérations non courantes*** de l'entreprise. Il peut refléter la politique d'investissement de l'entreprise si les cessions d'immobilisations sont significatives.

Rappelons que la nouvelle directive comptable prévoit la suppression de ce solde.

### H – Le résultat net de l'exercice

Le résultat net de l'exercice est déterminé par la somme du résultat courant et du résultat exceptionnel déduction faite de la participation des salariés aux résultats de l'entreprise et de l'impôt sur les sociétés.

Le résultat net de l'exercice indique ***ce qui reste à la disposition de l'entreprise*** après versement de la participation des salariés et paiement de l'impôt sur les sociétés, ou encore ***le revenu des associés après impôt***. Il permet de calculer la ***rentabilité financière*** de l'entreprise :

$$\frac{\text{Résultat net}}{\text{Capitaux propres}} \longrightarrow \text{Combien rapporte un euro de capital ?}$$

L'étude de la rentabilité financière peut être complétée par celle de l'effet de levier (voir p. 232).

### I – Le résultat sur cessions d'éléments d'actif immobilisés

Le résultat sur cessions d'éléments d'actif immobilisés est égal à la différence entre les produits de cessions d'éléments d'actif et la valeur comptable des éléments cédés. Ce solde est déjà compris dans le résultat exceptionnel. Il permet de calculer ***les plus ou moins-values sur cessions d'éléments d'actif*** et de mesurer le ***désinvestissement*** dans l'entreprise.

## 3 La hiérarchie des soldes

Actuellement, le tableau des soldes intermédiaires de gestion comprend ***neuf soldes***. Il représente un calcul ***progressif*** du « Résultat net de l'exercice » par ***cascade*** de soldes successifs sauf pour le « résultat exceptionnel ».

Les trois premiers sont des ***indicateurs d'activité***, les six autres sont des ***indicateurs de résultat***. Le solde **(9)** fournit une information complémentaire, les deux comptes le composant figurant déjà dans le « Résultat exceptionnel ».

Notons que l'évolution attendue de la structure du compte de résultat dans le cadre de la transposition de la directive comptable unique aura une incidence sur la hiérarchie des soldes intermédiaires de gestion.

| Comptes | | Libellé |
|---|---|---|
| 707 – 7097 | | Ventes nettes |
| 607 – 6097 ± 6037 | | – Coût d'achat des marchandises vendues |
| | (1) | **= Marge commerciale** |

| | Libellé | Comptes |
|---|---|---|
| | Production vendue | 70 (sf 707) – 709 |
| | ± Production stockée | 71 |
| | + Production immobilisée | 72 ; 73 |
| (2) | **= Production de l'exercice** | |

| | Libellé | Comptes |
|---|---|---|
| | Marge commerciale | |
| | + Production de l'exercice | |
| | – Consommations de l'exercice en provenance des tiers | 601 à 606 – 6091 à 6096 ± 6031 ; 6032 ; 61 et 62 |
| (3) | **= Valeur ajoutée** | |

| | Libellé | Comptes |
|---|---|---|
| | Valeur ajoutée | 74 |
| | + Subventions d'exploitation | 63 |
| | – Impôts, taxes et versements assimilés | 64 |
| | – Charges de personnel | |
| (4) | **= Excédent brut d'exploitation** | |

| | Libellé | Comptes |
|---|---|---|
| | Excédent brut d'exploitation | |
| | + Reprises sur charges d'exploitation | 781 |
| | + Transferts de charges | 791 |
| | + Autres produits de gestion | 75 (sf 755) |
| | – Dotations sur charges d'exploitation | 681 |
| | – Autres charges de gestion | 65 (sf 655) |
| (5) | **= Résultat d'exploitation** | |

| | Libellé | Comptes |
|---|---|---|
| | Résultat d'exploitation | |
| | ± Quotes-parts de résultat sur opérations faites en commun | 755 – 655 |
| | + Produits financiers | 76 ; 786 ; 796 |
| | – Charges financières | 66 ; 686 |
| (6) | **= Résultat courant avant impôt** | |

| Comptes | | Libellé |
|---|---|---|
| 77 ; 787 ; 797 | | Produits exceptionnels |
| 67 et 687 | | – Charges exceptionnelles |
| | (7) | **= Résultat exceptionnel** |

| | Libellé | Comptes |
|---|---|---|
| | Résultat courant avant impôt | |
| | ± Résultat exceptionnel | |
| | – Participation des salariés | 691 |
| | – Impôts sur les bénéfices | 695 |
| (8) | **= Résultat net de l'exercice** | |

| | Libellé | Comptes |
|---|---|---|
| | Produits des cessions d'éléments d'actif | 775 |
| | – Valeurs comptables des éléments d'actif cédés | 675 |
| (9) | **= Résultat sur cessions d'éléments d'actif immobilisés** | |

## 4 Le tableau des soldes intermédiaires de gestion

Le Plan comptable général prévoit une ***présentation normalisée*** des soldes intermédiaires de gestion en tableau dans son article 832-8, présenté page ci-contre.

Le tableau comporte trois parties :

| Produits | Charges | Soldes |
|---|---|---|
| ↓ | ↓ | ↓ |
| (colonne 1) | (colonne 2) | (colonne 1) – (colonne 2) |

***Lorsqu'un solde est négatif***, il s'inscrit du côté des charges et s'additionne à celles-ci.

**À NOTER** • Le tableau n'est pas toujours fourni ; il est donc nécessaire de connaître le calcul des neuf soldes et leur signification • Si le compte de résultat est fourni, vérifier les résultats intermédiaires et le résultat net avec le tableau des soldes intermédiaires de gestion.

L'analyse ***quantitative*** doit être enrichie par des informations qualitatives relatives au secteur d'activité qui contribuent à influencer le niveau de résultat de l'entreprise, par exemple :

- l'évolution du marché ;
- l'application de nouveaux textes législatifs ;
- l'intégration de nouvelles normes environnementales ;
- l'étude de la concurrence ;
- les modes de distribution ;
- l'évolution des produits ;
- l'évolution de la technologie ;
- …

## Art. 832-8 Tableau des soldes intermédiaires de gestion

| Produits (Colonne 1) | | Charges (Colonne 2) | | Soldes intermédiaires (Colonne 1 – Colonne 2) | N | N – 1 |
|---|---|---|---|---|---|---|
| Ventes de marchandises | ........... | Coût d'achat des marchandises vendues | ........... | Marge commerciale | ........... | ........... |
| Production vendue<br>Production stockée<br>Production immobilisée | | ou Déstockage de production (a) | ........... | | | |
| **Total** | ........... | **Total** | ........... | Production de l'exercice | ........... | ........... |
| Production de l'exercice<br>Marge commerciale | | | | | | |
| **Total** | ........... | Consommation de l'exercice en provenance de tiers | ......... | Valeur ajoutée | ........... | ........... |
| Valeur ajoutée ........... <br>Subventions d'exploitation ........... | | Impôts, taxes et versements assimilés (b) ...........<br>Charges de personnel ........... | | | | |
| **Total** | ........... | **Total** | ........... | Excédent brut (ou insifficance brute) d'exploitation | ........... | ........... |
| Excédent brut d'exploitation ...........<br>Reprises sur charges et tranferts de charges ...........<br>Autres produits ........... | | ou Insuffisance brute d'exploitation ...........<br>Dotations aux amortissements, dépréciations et provisions ...........<br>Autres charges ........... | | | | |
| **Total** | ........... | **Total** | ........... | Résultat d'exploitation (bénéfice ou perte) | ........... | ........... |
| Résultat d'exploitation ...........<br>Quotes-parts de résultats sur opérations faites en commun ...........<br>Produits financiers ........... | | ou Résultat d'exploitation ...........<br>Quotes-parts de résultats sur opérations faites en commun ...........<br>Charges financières ........... | | | | |
| **Total** | ........... | **Total** | ........... | Résultat courant avant impôts (bénéfice ou perte) | ........... | ........... |
| Produits exceptionnels | ........... | Charges exceptionnelles | ........... | Résultat exceptionnel (bénéfice ou perte) | ........... | ........... |
| Résultat courant avant impôts<br>Résultat exceptionnel | | ou Résultat courant avant impôts<br>ou Résultat exceptionnel<br>Participation des salariés<br>Impôts sur les bénéfices | | | | |
| **Total** | ........... | **Total** | ........... | Résultat de l'exercice (bénéfice ou perte) | ........... | ........... |
| Produits des cessions d'éléments d'actif | ........... | Valeur comptable des éléments cédés | ........... | Plus-values et moins-values sur cessions d'éléments d'actif | ........... | ........... |

(a) En déduction des produits dans le compte de résultat.

(b) Pour le calcul de la valeur ajoutée, sont assimilés à des consommations externes les impôts indirects à caractère spécifique inscrits au compte 635 « Impôts, taxes et versements assimilés » et acquittés lors de la mise à la consommation des biens taxables.

(c) Soit total général des produits – total général des charges.

**Exemple**

La société Heliot, entreprise de l'industrie du cuir, vous communique la liste de ses charges et produits pour l'exercice N :

| Charges | Montant |
|---|---|
| Achats de marchandises | 184 700 |
| Achats de matières premières et autres approvisionnements | 261 499 |
| Autres achats et charges externes | 335 450 |
| Charges de personnel | 295 650 |
| Charges d'intérêts | 21 750 |
| Charges exceptionnelles sur opérations de gestion | 2 510 |
| Dotations aux amortissements, dépréciations et provisions – Charges d'exploitation | 53 755 |
| Dotations aux amortissements, dépréciations et provisions – Charges exceptionnelles | 1 250 |
| Dotations aux amortissements, dépréciations et provisions – Charges financières | 1 020 |
| Impôts, taxes et versements assimilés | 37 500 |
| Impôts sur les bénéfices | 36 557 |
| Rabais, remises et ristournes obtenus sur achats de marchandises | 2 840 |
| Rabais, remises et ristournes obtenus sur achats de matières premières | 2 394 |
| Redevances pour concessions, brevets, licences, marques, procédés, droits et valeurs similaires | 1 545 |
| Valeurs comptables des éléments d'actif cédés | 4 740 |
| Variation des stocks de marchandises (solde créditeur) | 19 160 |
| Variation des stocks de matières premières et autres approvisionnements (solde débiteur) | 18 775 |
| **Produits** | **Montant** |
| Droits d'auteur et de reproduction | 9 770 |
| Intérêts perçus | 1 755 |
| Production immobilisée | 7 840 |
| Production stockée (solde créditeur) | 13 260 |
| Produits des cessions d'éléments d'actif immobilisés | 8 375 |
| Produits exceptionnels sur opérations de gestion | 1 585 |
| Rabais, remises et ristournes accordés par l'entreprise sur ventes de marchandises | 1 260 |
| Rabais, remises et ristournes accordés par l'entreprise sur ventes de produits finis | 12 786 |
| Reprises sur amortissements, dépréciations et provisions – Produits d'exploitation | 5 540 |
| Reprises sur dépréciations et provisions – Produits exceptionnels | 2 740 |
| Subventions d'exploitation reçues | 55 000 |
| Ventes de marchandises | 197 035 |
| Ventes de produits finis | 990 371 |

*Présenter le tableau des soldes intermédiaires de gestion (SIG) pour l'exercice N.*

*Commenter l'évolution des SIG entre N – 1 et N sachant que la société a investi en N dans de nouvelles machines afin d'automatiser une étape du processus de production.*

### Calculs préparatoires pour l'exercice N

Achats nets (comptes **607 – 6097**) :

184 700 – 2 840 = 181 860

Coûts d'achat des marchandises vendues :

| Achats nets | ± | Variation de stock | | |
|---|---|---|---|---|
| 181 860 | – | 19 160 | = | 162 700 |

Achats nets de matières premières (comptes **601 – 6091**) :

(261 499 – 2 394) = 259 105

Coûts d'achat des achats consommés :

| Achats nets | ± | Variation de stock | | |
|---|---|---|---|---|
| 259 105 | + | 18 775 | = | 277 880 |

Consommation de l'exercice en provenance des tiers :

| Coût d'achat des achats consommés | + | Autres achats et charges externes | | |
|---|---|---|---|---|
| 277 880 | + | 335 450 | = | 613 330 |

Charges financières (comptes **66 + 686**) :

21 750 + 1 020 = 22 770

Charges exceptionnelles (comptes **67 + 687**) :

(2 510 + 4 740) + 1 250 = 8 500

Production vendue (comptes **70 – 709** (sauf **707 et 7097**)) :

990 371 – 12 786 = 977 585

Ventes nettes (comptes **707 – 7097**) :

197 035 – 1 260 = 195 775

Produits exceptionnels (comptes **77 + 787**) :

(1 585 + 8 375) + 2 740 = 12 700

## Tableau des soldes intermédiaires de gestion

Le tableau est présenté page 70.

| Produits (Colonne 1) | | Charges (Colonne 2) | | Soldes intérimaires (Colonne 1 – Colonne 2) | N | N – 1 |
|---|---|---|---|---|---|---|
| Ventes de marchandises | 195 775 | Coût d'achat des marchandises vendues | 162 700 | Marge commerciale | 33 075 | 33 406 |
| Production vendue<br>Production stockée<br>Production immobilisée | 977 585<br>13 260<br>7 840 | ou Déstockage de production (a) | ………… | | | |
| **Total** | 998 685 | **Total** | ………… | Production de l'exercice | 998 685 | 948 750 |
| Production de l'exercice<br>Marge commerciale | 998 685<br>33 075 | | | | | |
| **Total** | 1 031 760 | Consommation de l'exercice en provenance de tiers | 613 330 | Valeur ajoutée | 418 430 | 401 693 |
| Valeur ajoutée<br>Subventions d'exploitation | 418 430<br>55 000 | Impôts, taxes et versements assimilés (b)<br>Charges de personnel | 37 500<br>295 650 | | | |
| **Total** | 473 430 | **Total** | 333 150 | Excédent brut (ou insiffisance brute) d'exploitation | 140 280 | 119 238 |
| Excédent brut d'exploitation<br>Reprises sur charges et tranferts de charges<br>Autres produits | 140 280<br>5 540<br>9 770 | ou Insuffisance brute d'exploitation<br>Dotations aux amortissements, dépréciations et provisions<br>Autres charges | …………<br>53 755<br>1 545 | | | |
| **Total** | 155 590 | **Total** | 55 300 | Résultat d'exploitation (bénéfice ou perte) | 100 290 | 117 988 |
| Résultat d'exploitation<br>Quotes-parts de résultats sur opérations faites en commun<br>Produits financiers | 100 290<br>…………<br>1 755 | ou Résultat d'exploitation<br>Quotes-parts de résultats sur opérations faites en commun<br>Charges financières | …………<br>…………<br>22 770 | | | |
| **Total** | 102 045 | **Total** | 22 770 | Résultat courant avant impôts (bénéfice ou perte) | 79 275 | 105 700 |
| Produits exceptionnels | 12 700 | Charges exceptionnelles | 8 500. | Résultat exceptionnel (bénéfice ou perte) | 4 200 | 1 050 |
| Résultat courant avant impôts<br>Résultat exceptionnel | 79 275<br>4 200 | ou Résultat courant avant impôts<br>ou Résultat exceptionnel<br>Participation des salariés<br>Impôts sur les bénéfices | …………<br>…………<br>…………<br>36 557 | | | |
| **Total** | 83 475 | **Total** | 36 557 | Résultat de l'exercice (bénéfice ou perte) | 46 918 | 75 674 |
| Produits des cessions d'éléments d'actif | 8 375 | Valeur comptable des éléments cédés | 4 740 | Plus-values et moins-values sur cessions d'éléments d'actif | 3 635 | — |

(a) En déduction des produits dans le compte de résultat.
(b) Pour le calcul de la valeur ajoutée, sont assimilés à des consommations externes, les impôts indirects à caractère spécifique inscrits au compte 635 « Impôts, taxes et versements assimilés » et acquittés lors de la mise à la consommation des biens taxables.
(c) Soit total général des produits – total général des charges.

Commentaires

***La marge commerciale*** a baissé de 1 %. L'activité commerciale de la société est marginale puisqu'elle ne représente que 17 % de l'activité globale. Ce très faible fléchissement de la marge commerciale n'a rien d'inquiétant. Il peut s'expliquer soit par une légère baisse des ventes de marchandises, soit par une faible hausse du coût d'achat des marchandises vendues.

***La production de l'exercice*** a augmenté de 5 %. Cet accroissement est probablement dû à une augmentation de la production vendue car même s'il existe une production stockée, cette dernière est faible.

***La valeur ajoutée*** a progressé de 4 %. La société a donc créé plus de richesse en N qu'en N – 1.

***L'excédent brut d'exploitation*** a augmenté de 18 %. Cette amélioration est certainement due, en grande partie, à une diminution des charges de personnel. Nous pouvons supposer que l'automatisation de l'atelier de production s'est accompagnée d'une réduction de l'effectif du personnel.

***Le résultat d'exploitation*** a diminué de 15 % ; c'est à partir de ce solde que nous constatons une dégradation de la performance de la société. Contrairement à l'EBE, le résultat d'exploitation tient compte de la politique d'investissement de l'entreprise. Il est probable que la baisse de ce résultat provienne d'une augmentaion sensible des dotations aux amortissements du fait des investissements réalisés en N.

***Le résultat courant*** a baissé de 25 %. Le résultat courant tient compte de la politique financière de l'entreprise. Nous pouvons supposer que les investissements réalisés ont été financés en partie par emprunt, ce qui a probablement provoqué une augmentation des charges financières et une détériortation du résultat courant.

***Le résultat exceptionnel*** a augmenté de 300 % ; malgré cette forte augmentation, le résultat exceptionnel reste très faible et donc non significatif dans la formation du résultat.

***Le résultat de l'exercice*** a baissé de 38 %. Il reste néanmoins positif. Nous pouvons en déduire que l'investissement réalisé en N a dégradé la rentabilité de l'entreprise. En effet, l'augmentation de l'EBE, entre N – 1 et N, n'a pas suffi à compenser la progression des dotations aux amortissements et des charges financières. Cependant, il est trop tôt pour juger de l'efficacité du nouvel investissement sur la rentabilité de l'entreprise. Un recul d'un ou deux ans est nécessaire.

## 5 La valeur ajoutée d'après la méthode additive

La méthode additive permet de mesurer la ***part*** de valeur ajoutée réservée à la rémunération des facteurs de production et celle consacrée à l'autofinancement.

Le calcul de la valeur ajoutée s'effectue de la manière suivante :

| | |
|---|---|
| | (Impôts, taxes et versements assimilés – Subventions d'esxploitation) |
| + | Charges de personnel |
| + | (Autres charges d'exploitation – Autres produits d'exploitation) |
| + | Résultat d'exploitation |
| = | **Valeur ajoutée** |

## 6 Les retraitements

Les analystes financiers de la Banque de France (BDF) retraitent certains postes des soldes intermédiaires de gestion du Plan comptable général afin de donner à ces derniers une approche ***plus économique***.

Les retraitements les plus courants sont présentés ci-dessous.

### A – Les retraitements relatifs aux charges de sous-traitance de fabrication

Les charges de sous-traitance de fabrication sont retirées des achats et autres charges externes et de la production vendue afin de calculer la production propre à l'entreprise. La production de l'exercice et la consommation de l'exercice en provenance des tiers sont alors modifiées.

### B – Les retraitements relatifs aux charges de personnel

Le personnel intérimaire et la participation des salariés aux résultats sont intégrés aux charges de personnel afin de déterminer le ***coût du facteur travail***. Ceci a pour conséquence de modifier la valeur ajoutée et l'excédent brut d'exploitation.

### C – Les retraitements relatifs au crédit-bail

Le crédit-bail est considéré comme une acquisition financière financée par un emprunt.

En conséquence, la redevance de crédit-bail est scindée en dotations aux amortissements et en charges d'intérêts. Ces retraitements donnent une meilleure image du ***coût du capital technique***. La valeur ajoutée, l'excédent brut d'exploitation, le résultat d'exploitation et le résultat courant avant impôt se trouvent modifiés.

### D – Les retraitements relatifs aux subventions d'exploitation

Les subventions d'exploitation sont intégrées dans la valeur ajoutée. Elles sont traitées comme des ***compléments de chiffre d'affaires***.

## E – Les retraitements relatifs aux impôts et taxes

Les *impôts, taxes et versements assimilés* ***sont intégrés aux consommations de l'exercice en provenance des tiers*** ; la valeur ajoutée est alors modifiée.

## F – Le tableau récapitulatif des retraitements

| Soldes intermédiaires de gestion de la Banque de France | Soldes intermédiaires de gestion du Plan comptable général | Retraitements |
|---|---|---|
| Production de l'exercice BDF | = Production de l'exercice | + Subventions d'exploitation<br>– Sous-traitance de fabrication |
| Valeur ajoutée BDF | = Valeur ajoutée | + Subventions d'exploitation<br>+ Redevances crédit-bail<br>+ Personnel extérieur<br>– Impôts, taxes et versements assimilés |
| Excédent brut d'exploitation BDF | = Excédent brut d'exploitation | + Redevances crédit-bail<br>– Participation des salariés |
| Résultat d'exploitation BDF | = Résultat d'exploitation | + Charges financières sur crédit-bail<br>– Participation des salariés |
| Résultat courant avant impôt BDF | = Résultat courant avant impôts | – Participation des salariés |

Les soldes de la Banque de France après le « Résultat courant avant impôts » ***sont identiques*** à ceux du Plan comptable général.

**Exemple**

La société Firmin a souscrit un contrat de crédit-bail pour un outil industriel d'un montant de 28 000 € amorti sur 4 ans.

La redevance annuelle s'élève à 8 900 €.

Vous disposez pour l'exercice N des soldes intermédiaires de gestion PCG suivants :

| | |
|---|---|
| – Production de l'exercice | 112 000 |
| – Valeur ajoutée | 72 000 |

– Excédent brut d'exploitation 37 000
– Résultat d'exploitation 20 800
– Résultat courant avant impôt 14 400

*Calculer les soldes intermédiaires de gestion retraités.*

Calculs préparatoires

La redevance est ventilée en deux éléments :
– dotations aux amortissements : 28 000 / 4 = 7 000
– charges d'intérêts : 8 900 – 7 000 = 1 900

Calcul des SIG retraités

| SIG PCG | | Retraitements | SIG retraités |
|---|---|---|---|
| Valeur ajoutée | 72 000 | + 8 900 | 80 900 |
| Excédent brut d'exploitation | 37 000 | + 8 900 | 45 900 |
| Résultat d'exploitation | 20 800 | + 1 900 | 22 700 |

## 7 L'impact du crédit d'impôt pour la compétitivité et l'emploi (CICE) sur les soldes intermédiaires de gestion

Le CICE a pour objet de ***diminuer*** les charges de personnel et ***d'améliorer*** la compétitivité des entreprises employeurs et imposées à l'impôt sur les sociétés (IS) ou à l'impôt sur le revenu (IR) d'après leur bénéfice réel.

***Dans les sociétés soumises à l'impôt sur les sociétés***, le CICE doit faire l'objet d'un traitement comptable. Il est préconisé de le comptabiliser au ***crédit*** d'une subdivision du compte « 64 Charges de personnel ». En conséquence, la comptabilisation du CICE en diminution des charges de personnel permet d'améliorer l'excédent brut d'exploitation, le résultat d'exploitation ainsi que les ratios calculés à partir de ces indicateurs tels que la marge brute d'exploitation par exemple.

# La capacité d'autofinancement

Chapitre **7**

## 1 Généralités

Pour assurer son développement et faire face à ses dettes, l'entreprise a des besoins de financement.

Afin de ***financer ses besoins***, l'entreprise dispose de ressources de différentes origines :

| Des ressources d'origine externe | Des ressources d'origine interne |
| --- | --- |
| Les augmentations de capital par apports<br>Les emprunts<br>Les subventions | La capacité d'autofinancement générée par l'activité de l'entrepise. |

La capacité d'autofinancement ***(CAF)*** représente, pour l'entreprise, l'***excédent de ressources internes*** ou le ***surplus monétaire potentiel*** dégagé durant l'exercice, par l'ensemble de son ***activité*** et qu'elle peut destiner à son ***autofinancement***. Elle permet :

- **De rémunérer** → les associés.
- **De renouveler** → et d'accroître les investissements.
- **D'augmenter** → le fonds de roulement.
- **De rembourser** → les dettes financières.
- **De mesurer** → la capacité de développement et l'indépendance financière de l'entreprise.
- **De couvrir** → les pertes probables et les risques.

La santé financière de l'entreprise se mesure notamment par l'évolution de la CAF sur plusieurs exercices. Sa baisse régulière traduit une situation dégradée et une augmentation du risque financier.

## 2 Le calcul de la capacité d'autofinancement

La CAF se calcule à partir du compte de résultat. Il est nécessaire de distinguer :

**Les charges**

- **Décaissables** : Ce sont des charges qui entraînent des ***dépenses*** (achats, charges externes, charges de personnel…).
- **Non décaissables** : Ce sont des charges ***calculées*** qui n'entraînent ***pas de dépenses*** (dotations aux amortissements, pour dépréciations et aux provisions et valeur comptable des éléments d'actif cédés).

**Les produits**

- **Encaissables** : Ce sont des produits qui génèrent ***des recettes*** (chiffre d'affaires, revenus financiers…).
- **Non encaissables** : Ce sont des produits ***calculés*** qui ne génèrent ***pas de recettes*** (reprises sur amortissements, sur dépréciations et sur provisions, quote-part de subventions d'investissement virées au résultat).

La capacité d'autofinancement est la ***différence*** entre :

**Produits encaissables** (sauf produits des cessions d'éléments d'actif) **–** **Charges décaissables**

Les produits des cessions d'éléments d'actif ***sont exclus de la CAF*** du fait de leur caractère exceptionnel et de leur rattachement au cycle d'investissement.

La capacité d'autofinancement se calcule selon ***deux*** méthodes :

**Capacité d'autofinancement**

**À partir de l'excédent brut d'exploitation**
(il contribue à la formation de la capacité d'autofinancement car il s'obtient par différence entre des produits encaissables et des charges décaissables).

**Méthode soustractive**

| |
|---|
| Excédent brut d'exploitation |
| + Autres produits encaissables (sauf produits des cessions d'éléments d'actif) |
| – Autres charges décaissables |

**À partir du résultat net**
(la méthode est plus rapide mais non explicative).

**Méthode additive**

| |
|---|
| Résultat net de l'exercice |
| + Charges non décaissables |
| – Produits non encaissables |
| ± Résultat sur cessions d'éléments d'actif |

**Contrôle**

La capacité d'autofinancement est l'indicateur de ***l'indépendance financière*** de l'entreprise. Elle est encore appelée cash-flow.

## A – La méthode soustractive

Le PCG propose un ***modèle*** de détermination de la capacité d'autofinancement présenté sous la forme de tableau à l'article 832-9 :

**Art. 832-9 Détermination de la capacité d'autofinancement**
(à partir des postes du compte de résultat)

| | |
|---|---|
| Excédent brut d'exploitation (ou insuffisance brute d'exploitation) | |
| + Transferts de charges (d'exploitation) | **791** |
| + Autres produits (d'exploitation) | **75** |
| – Autres charges (d'exploitation) | **65** |
| ± Quotes-parts de résultat sur opérations faites en commun | **755 – 655** |
| + Produits financiers **(a)** | **76** et **796** |
| – Charges financières **(b)** | **66** |
| + Produits exceptionnels **(c)** | **771** et **778** et **797** |
| – Charges exceptionnelles **(d)** | **671** et **678** |
| – Participation des salariés aux résultats | **691** |
| – Impôts sur les bénéfices | **695** |
| = CAPACITÉ D'AUTOFINANCEMENT | |

***(a)*** Sauf reprises sur dépréciations et provisions

***(b)*** Sauf dotations aux amortissements, dépréciations et provisions financiers.

***(c)*** Sauf :
- produits des cessions d'immobilisations ;
- quotes-parts des subventions d'investissement virées au résultat de l'exercice ;
- reprises sur dépréciations et provisions exceptionnelles.

***(d)*** Sauf :
- valeur comptable des immobilisations cédées ;
- dotations aux amortissements, dépréciations et provisions exceptionnels.

## B – La méthode additive

Le calcul s'effectue à partir des éléments suivants :

| | |
|---|---|
| RÉSULTAT NET DE L'EXERCICE | |
| + Dotations aux amortissements, dépréciations et provisions | **681** et **686** et **687** |
| – Reprises sur amortissements, dépréciations et provisions | **781** et **786** et **787** |
| + Valeur comptable des éléments d'actif cédés | **675** |
| – Produits des cessions d'éléments d'actif immobilisés | **775** |
| – Quote-part des subventions d'investissement virées au résultat de l'exercice | **777** |
| = CAPACITÉ D'AUTOFINANCEMENT | |

## C – Le retraitement de la capacité d'autofinancement

Le retraitement de la capacité d'autofinancement se limite en principe à celui de la redevance de crédit-bail. Ainsi, la partie de la redevance retraitée en dotations aux amortissements (voir page 71) vient majorer la capacité d'autofinancement du Plan comptable général.

**Capacité d'autofinancement retraitée** = CAF PCG + Dotations aux amortissements crédit-bail

## D – La représentation graphique

La capacité d'autofinancement peut être schématisée de la manière suivante :

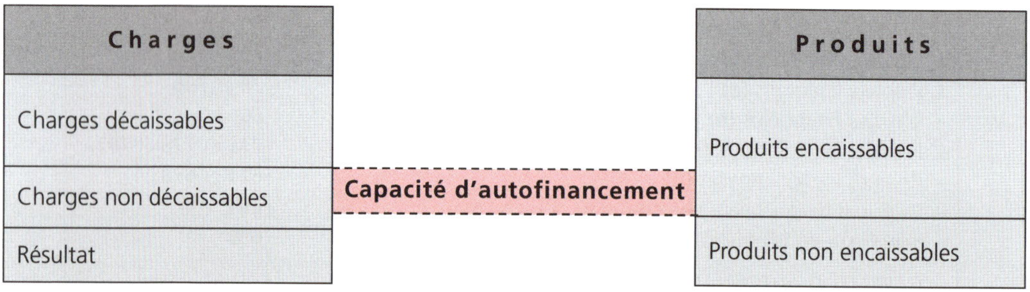


À NOTER • Même dans le cas d'un résultat de l'exercice négatif, l'entreprise peut dégager une capacité d'autofinancement • Dans la méthode soustractive, le point de départ peut être une insuffisance brute d'exploitation précédée du signe (–) • Une capacité d'autofinancement négative reflète une situation critique.

# 3 L'autofinancement

L'autofinancement correspond à la part de la capacité d'autofinancement qui ***restera à la disposition de l'entreprise*** pour être réinvestie.

**Autofinancement** = Capacité d'autofinancement – Dividendes payés en (N)

**Capacité d'autofinancement**

→ **Autofinancement** → Il permet à l'entreprise de financer par elle-même :
- des investissements ;
- le remboursement des emprunts ;
- l'augmentation du fonds de roulement.

→ **Dividendes payés** → Pour rémunérer les associés.

L'autofinancement se compose de :

| Bénéfices non distribués | + | Dotations – Reprises (aux amortissements, dépréciations et provisions) |
|---|---|---|
| Réserves | | Charges non décaissées |
| ↓ | | ↓ |
| **Autofinancement d'expansion** | | **Autofinancement de maintien** |
| ↓ | | ↓ |
| Augmentation du patrimoine et du niveau de production. | | Conservation du patrimoine et du niveau d'activité. Indispensable à la bonne gestion de l'entreprise. |

L'autofinancement d'expansion présente des avantages mais également des inconvénients dus à son excès :

**Avantages** →
Ressource de financement générée régulièrement par l'entreprise.
Ressource de financement n'entraînant pas de paiement d'intérêts.

**Inconvénients** →
L'autofinancement excessif peut détourner les associés de l'entreprise faute de rémunération suffisante.
Si l'autofinancement représente une partie excessive des moyens de financement, il peut entraîner un ralentissement du développement de l'entreprise et mettre en cause sa compétitivité face à la concurrence.

## 4 Les ratios

La capacité d'autofinancement permet le calcul de deux ratios :

**La capacité de remboursement**

Ce ratio mesure l'endettement ; il ne doit pas excéder trois ou quatre fois la capacité d'autofinancement :

$$\frac{\text{Dettes financières}}{\text{CAF}}$$

**La répartition de la valeur ajoutée**

Il mesure la part de la valeur ajoutée consacrée à l'autofinancement :

$$\frac{\text{Autofinancement}}{\text{Valeur ajoutée}}$$

**Face à un contexte économique difficile**

*Dans la situation d'une reprise économique fragile, l'une des priorités de l'entreprise est d'optimiser sa capacité d'autofinancement pour financer ses projets.*

**Exemple**

La liste alphabétique des charges et produits de l'entreprise Vicvol est la suivante :

| | |
|---|---|
| Achats de matières premières | 967 500 |
| Autres charges de gestion courante | 11 250 |
| Autres charges externes | 169 500 |
| Autres produits d'exploitation | 60 000 |
| Charges de personnel | 1 200 000 |
| Charges exceptionnelles sur opérations de gestion | 1 170 |
| Charges d'intérêts | 237 000 |
| Dotations aux amortissements, dépréciations et provisions – charges d'exploitation | 825 000 |
| Dotations aux provisions financières | 13 350 |
| Dotations aux provisions réglementées | 32 000 |
| Impôts sur les bénéfices | 946 000 |
| Impôts, taxes et versements assimilés | 360 000 |
| Production immobilisée | 60 000 |
| Produits des activités annexes | 7 800 |

| | |
|---|---|
| Produits des cessions d'éléments d'actif | 168 000 |
| Produits financiers | 19 500 |
| Rabais, ristournes, remises accordés sur ventes | 12 750 |
| Rabais, ristournes, remises obtenus sur achats | 27 400 |
| Reprises sur provisions financières | 15 000 |
| Reprises sur provisions d'exploitation | 5 000 |
| Reprises sur provisions réglementées | 6 000 |
| Subventions d'exploitation | 180 000 |
| Valeurs comptables des éléments d'actif cédés | 260 000 |
| Variation des en-cours de production de biens | 25 000 |
| Variation des stocks de matières premières | (69 000) |
| Variation des stocks de produits | (75 000) |
| Ventes de produits finis | 5 950 000 |

L'entreprise décide de distribuer aux associés 30 % du résultat de l'exercice.

Le total général du bilan s'élève à 16 123 530 €.

*Déterminer le montant de la capacité d'autofinancement pour l'exercice N, selon les deux méthodes pour contrôle.*

*Calculer l'autofinancement pour l'exercice N.*

Le calcul direct de l'excédent brut d'exploitation se présente comme suit :

Comptes **70** à **74** = [(5 950 000 – 12 750) – 75 000 + 25 000] + 60 000 + 7 800 + 180 000
= 6 135 050

Comptes **60** à **64** = [(967 500 – 27 400) – 69 000] + 169 500 + 360 000 + 1 200 000
= 2 600 600

EBE = comptes **70 à 74** – comptes **60 à 64**
= 135 050 – 2 600 600
= 3 534 450

***Le tableau de la détermination de la capacité d'autofinancement par la méthode soustractive*** est présenté page 82.

| | |
|---|---|
| Excédent brut d'exploitation (ou insuffisance brute d'exploitation) | 3 534 450 |
| + Transferts de charges (d'exploitation) | |
| + Autres produits (d'exploitation) | + 60 000 |
| – Autres charges (d'exploitation) | – 11 250 |
| ± Quotes-parts de résultat sur opérations faites en commun | |
| + Produits financiers **(a)** | + 19 500 |
| – Charges financières **(b)** | – 237 000 |
| + Produits exceptionnels **(c)** | |
| – Charges exceptionnelles **(d)** | – 1 170 |
| – Participation des salariés aux résultats | |
| – Impôts sur les bénéfices | – 946 000 |
| = CAPACITÉ D'AUTOFINANCEMENT | 2 418 530 |

***(a)*** Sauf reprises sur dépréciations et provisions

***(b)*** Sauf dotations aux amortissements, dépréciations et provisions financiers.

***(c)*** Sauf :
- produits des cessions d'immobilisations ;
- quotes-parts des subventions d'investissement virées au résultat de l'exercice ;
- reprises sur dépréciations et provisions exceptionnelles.

***(d)*** Sauf :
- valeur comptable des immobilisations cédées ;
- dotations aux amortissements, dépréciations et provisions exceptionnels.

***La détermination de la capacité d'autofinancement par la méthode additive*** est le suivant :

Résultat net = EBE + Autres produits – Autres charges

= 3 534 450 + (60 000 + 168 000 + 19 500 + 15 000 + 5 000 + 6 000)
– (11 250 + 1 170 + 237 000 + 825 000 + 13 350 + 32 000 + 260 000 + 946 000)

= 1 482 180

| | |
|---|---|
| RÉSULTAT NET DE L'EXERCICE | 1 482 180 |
| + Dotations aux amortissements, dépréciations et provisions | + 870 350 |
| – Reprises sur amortissements, dépréciations et provisions) | – 26 000 |
| + Valeur comptable des éléments d'actif cédés | + 260 000 |
| – Produits des cessions d'éléments d'actif immobilisés | – 168 000 |
| – Quote-part des subventions d'investissement virées au résultat de l'exercice | |
| = CAPACITÉ D'AUTOFINANCEMENT | 2 418 530 |

***Le calcul de l'autofinancement*** se présente comme suit :

Le dividende versé représente 30 % du résultat de l'exercice, soit : $\frac{1\,482\,180 \times 30}{100} = 444\,654$ €

D'où : Capacité d'autofinancement – Dividende = Autofinancement

2 418 530 – 444 654 = 1 973 876 €

# Le compte de résultat différentiel

Chapitre
**8**

## 1 La variabilité des charges

On constate que ***certaines charges*** de l'entreprise ***varient*** selon la production ou l'***activité*** et que ***d'autres sont indépendantes de l'activité***, dans une structure donnée. Cette différence de comportement conduit à reclasser les charges :

**Les charges**

**Les charges fixes ou de structure**

- liées à la structure de l'entreprise ;
- indépendantes du niveau d'activité tant que la structure n'évolue pas ;
- varient par paliers ;
- exemple : loyers, assurances, salaires, amortissements…

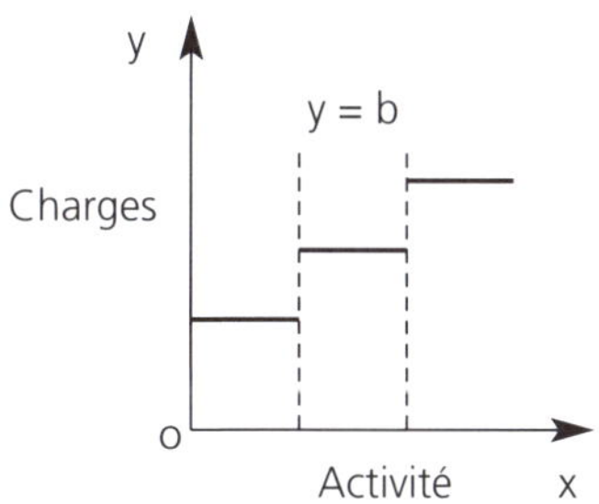


**Les charges variables ou opérationnelles**

- souvent proportionnelles à l'activité ou à la production ;
- exemple : achats consommés, transports sur ventes…

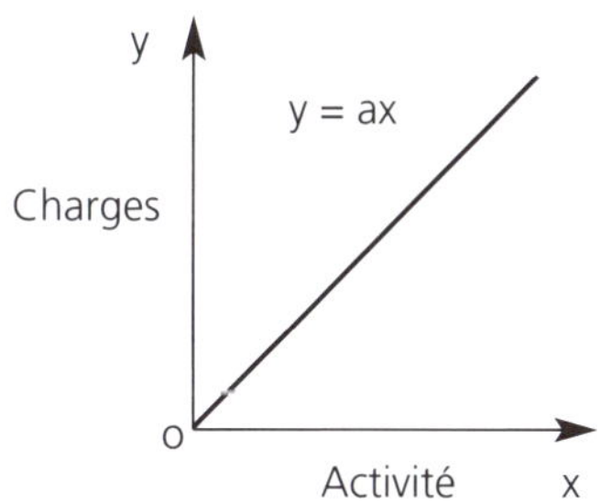


**Les charges semi-variables ou mixtes**

- comportent une partie fixe et une partie variable ;
- varient non proportionnellement à l'activité ou à la production ;
- doivent être réparties en charges fixes et charges variables ;
- exemple : salaires des commerciaux, dépenses de téléphone…

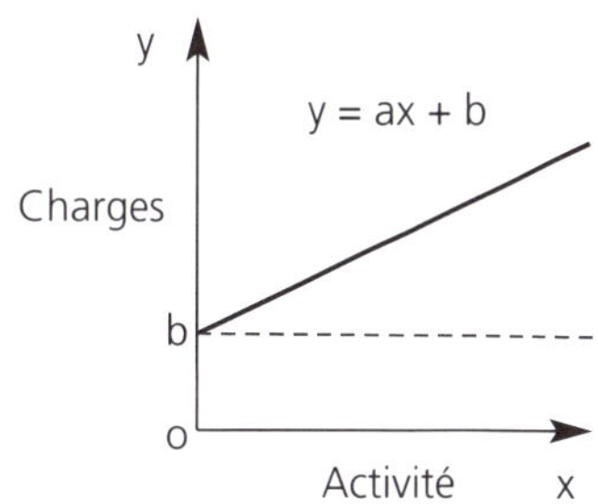


Seules les charges d'exploitation sont concernées.

L'analyse de la ***structure des coûts*** permet de déterminer la part de coûts fixes et de coûts variables engagés par une entreprise pour exercer son activité, d'étudier l'effet de la structure de ses coûts sur sa rentabilité et de mesurer ses possibilités d'action pour réagir efficacement aux variations d'activité.

## 2 Le coût variable

Le reclassement des charges en :

- charges opérationnelles ;
- charges de structure,

permet de mettre en évidence :

- des ***coûts variables*** par activité ou par produit ;
- des ***marges sur coûts variables*** par activité ou par produit.

Un ***coût variable*** est constitué uniquement par les charges ***qui varient avec le volume d'activité***. Ces frais s'intitulent frais variables ou frais opérationnels ; ils sont répartis entre les produits ou entre les activités afin de calculer le coût variable de chaque produit ou de chaque activité.

La différence entre le total des charges et les charges variables représente les ***charges fixes*** qui sont supportées par l'entreprise quel que soit le volume des ventes réalisées dans une structure donnée.

Les charges fixes ***ne sont pas réparties par produit***, elles sont traitées ***globalement*** pour la détermination du résultat.

## 3 La marge sur coût variable

La méthode des coûts variables fait apparaître des ***marges sur coût variable*** par produit ou par activité.

| | | |
|---|---|---|
| **Prix de vente** | **Coût variable**<br>- - - - - - - -<br>**Marge sur coût variable** | Charges variables<br>+<br>Charges fixes<br>+<br>**Résultat** |

**Marge sur coût variable d'un produit** = Prix de vente – Coût variable

La marge sur coût variable s'exprime en pourcentage du chiffre d'affaires. On obtient alors le taux de marge sur coût variable :

$$\textbf{Taux de marge sur coût variable} = \frac{\text{Marge sur coût variable}}{\text{Chiffre d'affaires}} \times 100$$

La somme des marges sur coût variable par produit déduction faite des coûts fixes globaux permet de déterminer le résultat de l'entreprise :

**Résultat de l'entreprise** = Σ des marges sur coût variable – Coûts fixes globaux

La marge sur coût variable est un indicateur de gestion qui mesure ***la performance*** d'un produit ou d'une activité.

Elle permet de répondre aux questions suivantes :

– quelle est la ***contribution*** du produit ou de l'activité ***à absorber*** les charges fixes ?

– ce produit ou cette activité est-il ***rentable*** ?

– l'entreprise a-t-elle intérêt :

- → ***à développer*** sa production ou sa commercialisation ?
- → ***à supprimer*** sa production ou sa commercialisation ?

Avant de ***décider de la suppression*** d'un produit ou d'une activité, il faut s'assurer que cette suppression n'entraînera pas une ***diminution*** du résultat global.

La méthode des coûts variables permet d'effectuer aisément des ***prévisions*** :

- → de calculs de coûts ;
- → de calculs de résultats ;
- → de calculs du seuil de rentabilité.

Elle facilite la prise de décision.

## 4 Le compte de résultat différentiel

Les calculs de coûts variables, de marges sur coût variable et de résultats se présentent dans un tableau intitulé *compte de résultat différentiel*.

### A – Le compte de résultat différentiel d'une entreprise de production

Ce tableau s'établit à partir des ***quantités vendues*** et non pas à partir des quantités produites.

| Coût variable de production des produits vendus | = | Coût variable de production | – | Production stockée (Stock final – Stock initial) |
|---|---|---|---|---|

En conséquence, la production stockée ***négative*** doit s'ajouter au coût variable de production pour déterminer le coût variable de production des produits vendus. La production stockée ***positive*** se soustrait.

À NOTER • Le coût variable s'intitule également « *Direct costing* » qui ne doit pas être confondu avec le coût direct.

| | Éléments | Par produit | Par activité | Pour l'entreprise |
|---|---|---|---|---|
| 1 | **Prix de vente** pendant la période | X | | |
| 2 | Charges variables de production | X | | |
| 3 | Charges variables de distribution | X | | |
| 4 | **Coût variable** (2 + 3) | X | | |
| 5 | **Marge sur coût variable n° 1** (1 – 4) | X | | |
| 6 | **Ensemble des MCV n° 1** de tous les produits | | X | |
| 7 | Coûts fixes des centres opérationnels de l'activité | | X | |
| 8 | Coûts des centres de structure de l'activité | | X | |
| 9 | **Coût fixes** (7 + 8) | | X | |
| 10 | **Marge n° 2** (6 – 9) | | X | |
| 11 | **Ensemble des marges n° 2** de toutes les activités | | | X |
| 12 | **Coûts des centres de structure** de l'entreprise | | | X |
| 13 | **Marge n° 3** (11 – 12) ou **Résultat d'exploitation** | | | X |

## B – Le compte de résultat différentiel d'une entreprise commerciale

Ce tableau s'établit à partir des ***quantités vendues*** et non pas à partir des quantités achetées.

**Coût d'achat variable des marchandises vendues** = Coût d'achat variable + Variation des stocks (Stock initial – Stock final)

En conséquence, la variation des stocks de marchandises ***négative*** doit se soustraire au coût d'achat variable pour déterminer le coût d'achat variable des marchandises vendues. La variation des stocks de marchandises ***positive*** s'ajoute.

| | Éléments | Montant | % |
|---|---|---|---|
| 1 | **Chiffre d'affaires** | X | |
| 2<br>3<br>4 | Coût d'achat variable des marchandises vendues<br>+ Autres charges variables d'approvisionnement<br>= Coût variable des marchandises vendues | – X | |
| 5 | **Marge sur coût variable d'achat** (1 – 4) | = X | |
| 6 | Charges variables de distribution | – X | |
| 7 | **Marge sur coût variable d'achat** (5 – 6) | = X | |
| 8 | Charges fixes | – X | |
| 9 | **Résultat d'exploitation** (7 – 8) | = X | |

**Exemple**

Vous disposez des renseignements suivants relatifs à l'entreprise Piaggiola (entreprise de production) :

– ventilation des charges variables :

| Éléments | Montants | Produits | | |
|---|---|---|---|---|
| | | A | B | C |
| Coûts d'achats des matières consommées | 155 000 | 98 000 | 98 000 | 37 000 |
| Production | 750 000 | 480 000 | 120 000 | 150 000 |
| Distribution | 85 000 | 17 000 | 38 000 | 30 000 |
| Totaux | 990 000 | 595 000 | 178 000 | 217 000 |

– charges fixes :

- de production : 380 000 €
- de distribution : 47 500 €
- d'autres charges : 255 000 €

– ventes de produits :

- A :
- B : 375 000 €
- C : 495 000 €

– stock initial de produits finis évalué au coût variable :

- A : 120 000 €
- B : 15 000 €
- C : 22 500 €

– stock final de produits finis évalué au coût variable :

- A : 100 000 €
- B : 18 000 €
- C : 20 000 €

*Établir le compte de résultat différentiel de cette entreprise.*

***Le compte de résultat différentiel*** se présente comme suit :

| Éléments | Pour l'entreprise | Produits | | |
|---|---|---|---|---|
| | | A | B | C |
| 1 Chiffre d'affaires | 2 255 000 | 1 385 000 | 375 000 | 495 000 |
| 2 Coûts d'achats des matières consommées | 155 000 | 98 000 | 20 000 | 37 000 |
| 3 Charges variables de production | 750 000 | 480 000 | 120 000 | 150 000 |
| 4 Coûts variables de production (2 + 3) | 905 000 | 595 000 | 178 000 | 217 000 |
| 5 Production stockée | + 19 500 | + 20 000 | – 3 000 | + 2 500 |
| 6 Coûts variables de production des produits vendus (4 ± 5)* | 924 000 | 598 000 | 137 000 | 189 500 |
| 7 Charges variables de distribution | 85 000 | 17 000 | 38 000 | 30 000 |
| 8 Coûts variables (après distribution) (6 + 7) | 1 009 500 | 615 000 | 175 000 | 219 500 |
| 9 Marges sur coûts variables (1 – 8) | 1 245 500 | 770 000 | 200 000 | 275 500 |
| Marges en pourcentage | 55,23 % | 55,60 % | 53,33 % | 55,66 % |
| 10 Charges fixes | 682 500 | | | |
| 11 Résultat (9 – 10) | 563 000 | | | |

* Pour A : 598 000 = 578 000 – (100 000 – 120 000)
Pour B : 137 000 = 140 000 – (18 000 – 15 000)
Pour C : 189 500 = 187 000 – (20 000 – 22 500)

Chapitre
9

# *Le seuil de rentabilité*

## 1 Définition

La notion de seuil de rentabilité repose sur l'analyse des charges :

- en charges variables ;
- et en charges fixes.

Le seuil de rentabilité est le ***chiffre d'affaires*** ou le ***niveau d'activité*** que l'entreprise doit atteindre pour ***couvrir l'intégralité de ses charges (variables et fixes)*** et pour lequel elle ne dégage ***ni bénéfice***, ***ni perte***. Ou encore : le seuil de rentabilité est le ***niveau de chiffre d'affaires*** pour lequel la marge sur coût variable ***finance exactement*** le montant des charges fixes.

La comparaison du chiffre d'affaires réalisé avec le seuil de rentabilité permet de déterminer la nature du résultat :

CA = seuil de rentabilité = **Résultat nul**
CA > seuil de rentabilité = **Bénéfice**
CA < seuil de rentabilité = **Perte**

Le seuil de rentabilité permet à l'entreprise :

| | | |
|---|---|---|
| **De calculer** | → | le montant du chiffre d'affaires ***à partir duquel*** l'activité est ***rentable***.<br>le niveau d'activité au-dessous duquel il ne faut pas descendre. |
| **De déterminer** | → | la ***date*** à laquelle l'activité devient rentable. |
| **D'apprécier** | → | ***le risque*** d'exploitation.<br>***la sécurité*** dont dispose l'entreprise si la conjoncture devient défavorable. |
| **D'estimer** | → | rapidement des ***résultats prévisionnels***. |
| **De décider** | → | de l'opportunité de conquérir un nouveau marché. |

Un des objectifs majeurs de toute entreprise est de ***dépasser son seuil de rentabilité***.

## 2 Le calcul du seuil de rentabilité et des autres indicateurs

### A – Le calcul du seuil de rentabilité

Le calcul du seuil de rentabilité s'effectue à partir des éléments du ***compte de résultat différentiel*** (voir chapitre 8). Il est nécessaire d'exprimer la marge sur coût variable en pourcentage du chiffre d'affaires.

$$\textbf{Taux de marge sur coût variable} = \frac{\text{Marge sur coût variable}}{\text{Chiffre d'affaires}} \times 100$$

Le résultat est nul si :

Marge sur coût variable = Coûts fixes

ou encore si :

(Seuil de rentabilité x Taux de marge sur coût variable) – Charges fixes = 0

On en déduit la relation :

$$\textbf{Seuil de rentabilité} = \frac{\text{Coûts fixes}}{\text{Taux de marge sur coût variable}}$$

Le seuil de rentabilité peut être exprimé en ***quantité*** à partir des formules suivantes :

$$\frac{\text{Coûts fixes}}{\text{Marge sur coût variable unitaire}} \quad \text{ou} \quad \frac{\text{Seuil de rentabilité en valeur}}{\text{Prix de vente hors taxes d'un produit}}$$

### B – Le calcul du point mort

Le point mort représente ***la date*** à laquelle le seuil de rentabilité est atteint. Il permet de connaître le ***temps nécessaire*** pour atteindre le seuil ; plus ce temps est court, plus la période d'activité rentable est longue.

$$\textbf{Point mort} = \frac{\text{Seuil de rentabilité}}{\text{Chiffre d'affaires}} \times 12 \text{ mois}$$

Si l'activité est ***irrégulière***, le point mort se détermine à partir de la série cumulée du chiffre d'affaires par interpolation linéaire :

- ***calculer*** le chiffre d'affaires hors taxes cumulé par période ;
- ***repérer*** la période où le seuil de rentabilité est atteint ;
- ***effectuer*** le calcul suivant :

$$\frac{\text{(Seuil de rentabilité – Chiffre d'affaires HT cumulé à la fin de la période précédente)}}{\text{Chiffre d'affaires HT de la période}}$$

## C – Le calcul de la marge de sécurité

Lorsque le chiffre d'affaires est supérieur au seuil de rentabilité, l'entreprise peut calculer l'***activité rentable*** encore appelée ***marge de sécurité*** :

**Marge de sécurité** = Chiffre d'affaires – Seuil de rentabilité

On peut calculer aussi l'***indice de sécurité***. Il mesure la marge de sécurité en pourcentage du chiffre d'affaires. Il indique la baisse de chiffre d'affaires que l'entreprise peut supporter avant d'être en perte.

$$\textbf{Indice de sécurité} = \frac{\text{Marge de sécurité}}{\text{Chiffre d'affaires}} \times 100$$

**Exemple**

L'entreprise commerciale Dorval a établi le compte de résultat différentiel suivant :

| Éléments | Montant | % |
|---|---|---|
| **Chiffre d'affaires net** | 650 000 | 100,00 |
| Coût d'achat des marchandises vendues | – 400 000 | 61,54 |
| **Marge sur coût variable** | = 250 000 | 38,46 |
| Coûts fixes | – 175 000 | |
| **Résultat courant** | = 75 000 | 11,54 |

*Calculer le seuil de rentabilité, le point mort dans le cas d'une activité régulière, la marge de sécurité et l'indice de sécurité.*

Dans l'hypothèse d'une activité saisonnière, le chiffre d'affaires annuel se décompose comme suit :

| | | | |
|---|---|---|---|
| 1er trimestre | : 220 000 | 3e trimestre | : 120 000 |
| 2e trimestre | : 200 000 | 4e trimestre | : 110 000 |

*Déterminer le point mort.*

***Seuil de rentabilité*** :

$$\text{Seuil de rentabilité} = \frac{175\,000}{0{,}3846} = 455\,018{,}20 \approx 455\,000$$

***Point mort*** :

$$\text{Point mort} = \frac{455\,000}{650\,000} \times 360 \text{ j} = 252 \text{ jours ou } 8 \text{ mois } 12 \text{ jours}$$

L'entreprise Dorval dispose de 3 mois et 28 jours pour dégager un bénéfice.

***Marge de sécurité*** :

Indice de sécurité = 650 000 – 455 000 = 195 000

***Indice de sécurité*** :

$$\text{Indice de sécurité} = \frac{195\,000}{650\,000} \times 100 = 30\ \%$$

L'entreprise Dorval peut supporter une baisse de chiffre d'affaires de 30 % avant d'être en perte.

***Point mort dans l'hypothèse d'une activité saisonnière*** :

En cas d'activité saisonnière, le point mort se calculera de la manière suivante :

| Période | CA cumulé |
|---|---|
| 1er trimestre | 220 000 |
| 2e trimestre | 420 000 |
| 3e trimestre | 540 000 |
| 4e trimestre | 650 000 |

le seuil de rentabilité se situe dans cette tranche de chiffre d'affaires. (2e au 3e trimestre)

Le seuil de rentabilité est inchangé, cependant il ne sera pas atteint à la même date :

$$\frac{455\,000 - 420\,000}{540\,000 - 420\,000} = 26^{e} \text{ jour du } 3^{e} \text{ trimestre}$$

## 3 Les représentations graphiques

Le seuil de rentabilité fait l'objet de trois représentations graphiques, selon trois équations différentes :

D'après la formule : Marge sur coût variable = Charges fixes

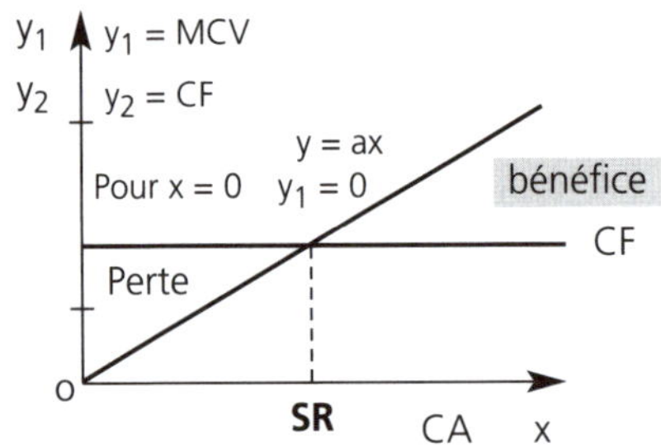

D'après la formule : Résultat = Marge sur coût variable – Charges fixes

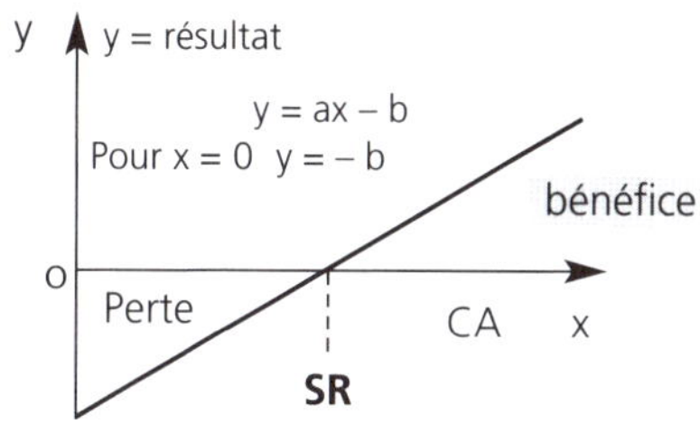


D'après la formule : Chiffre d'affaires = Charges variables + Charges fixes

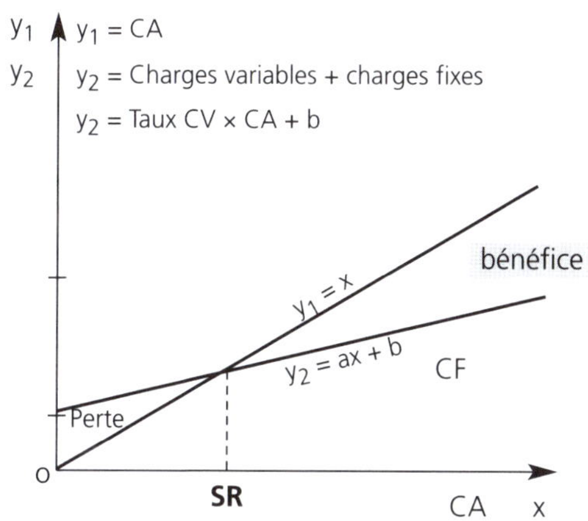


## 4 L'évolution des conditions d'exploitation

L'évolution des conditions d'exploitation peut se traduire par :

- une modification de structure
- une modification du taux de marge sur coût variable
- un choix de structure

} en cours d'exercice.

Chacune de ces ***modifications*** nécessite la détermination d'***un nouveau seuil de rentabilité***.

## A – La modification de structure

Lors d'un changement de structure, il est nécessaire d'en mesurer l'impact sur le seuil de rentabilité et d'apprécier la rentabilité de l'opération.

Par exemple, l'acquisition d'un nouvel investissement, l'embauche de personnel permanent engendrent une hausse des coûts fixes donc une augmentation du seuil de rentabilité. La rentabilité sera atteinte plus tardivement.

**Exemple**

L'entreprise Cressaty envisage un nouvel investissement pour le 1er septembre. Les charges fixes d'un montant actuel de 150 000 € augmenteront de 50 000 €. Le taux de marge sur coût variable restera de 30 % et le chiffre d'affaires annuel prévisionnel est de 1200 000 €.

*Calculer le seuil de rentabilité initial et le nouveau seuil de rentabilité.*

***Seuil de rentabilité initial*** :

$$\frac{150\,000}{0{,}30} = 500\,000\text{ €}$$

***Nouveau seuil de rentabilité*** :

$$\frac{150\,000 + 50\,000}{0{,}30} = 666\,667\text{ €}$$

## B – La modification du taux de marge sur coût variable

L'***évolution*** du prix d'achat des matières, du prix de vente, l'***intégration*** d'une activité,... modifient le taux de marge et par conséquent le ***seuil de rentabilité***.

**Exemple**

L'entreprise Guyot fabrique un produit *A*. Sa marge sur coût variable unitaire est de 20 €, les charges fixes s'élèvent à 400 000 €. En fonction du marché, le prix de vente doit rester stable.

Une augmentation subite du cours des matières réduit la marge sur coût variable d'un quart, au moment où l'entreprise a déjà produit 10 000 articles.

*Calculer les seuils de rentabilité en nombre d'articles avant et après l'augmentation du cours des matières.*

***Seuil de rentabilité*** en nombre d'articles avant augmentation du cours des matières :

$$20x = 400\,000$$
$$x = 20\,000 \text{ articles}$$

***Nouveau seuil de rentabilité*** en nombre d'articles :

– nouvelle marge : 15 €

– d'après la relation (MCV = Coûts fixes)

$$\begin{aligned}(10\,000 \times 20) + 15\,(x - 10\,000) &= 400\,000\\ 15\,x + 50\,000 &= 400\,000\\ 15\,x &= 350\,000\\ x &= 23\,333\end{aligned}$$

Le nouveau seuil de rentabilité en nombre d'articles est de 23 333.

**À NOTER** • Le calcul du point mort pour une activité saisonnière peut s'effectuer par le cumul des marges sur coût variable • Un graphique peut servir d'énoncé.

## C – Le choix de structure

Rappelons que les charges de structure ne sont indépendantes de l'activité que pour une capacité de production déterminée. Elles augmentent par paliers. Si l'entreprise envisage de changer de structure, il est utile de déterminer le seuil de rentabilité qui lui permettra de ***couvrir le supplément*** de charges fixes.

**Exemple**

L'entreprise Tandé supporte annuellement des charges fixes de 800 000 € lui permettant de réaliser un chiffre d'affaires maximum de 1 800 000 € avec un taux de marge de 50 %.

Pour accroître son chiffre d'affaires, l'entreprise doit supporter un supplément de 160 000 € de charges fixes.

*Déterminer les seuils de rentabilité.*

*Quel est le chiffre d'affaires minimum que l'entreprise doit réaliser pour maintenir un résultat de 100 000 €.*

*Déterminer graphiquement les seuils de rentabilité successifs.*

***Structure initiale*** :

$$\text{Seuil de rentabilité} = \frac{800\,000}{0{,}50} = 1\,600\,000\ €$$

***Structure nouvelle*** :

$$\text{Seuil de rentabilité} = \frac{960\ 000}{0{,}50} = 1\ 920\ 000\ €$$

On constate qu'une hausse des coûts fixes entraîne une augmentation du seuil de rentabilité.

***Chiffre d'affaires à réaliser pour maintenir un résultat de 100 000 €*** :

$$100\ 000 = 0{,}50\ x - 960\ 000$$

$$\text{Chiffre d'affaires} = \frac{1\ 060\ 000}{0{,}50} = 2\ 120\ 000\ €$$

***Graphique*** des seuils de rentabilité successifs :

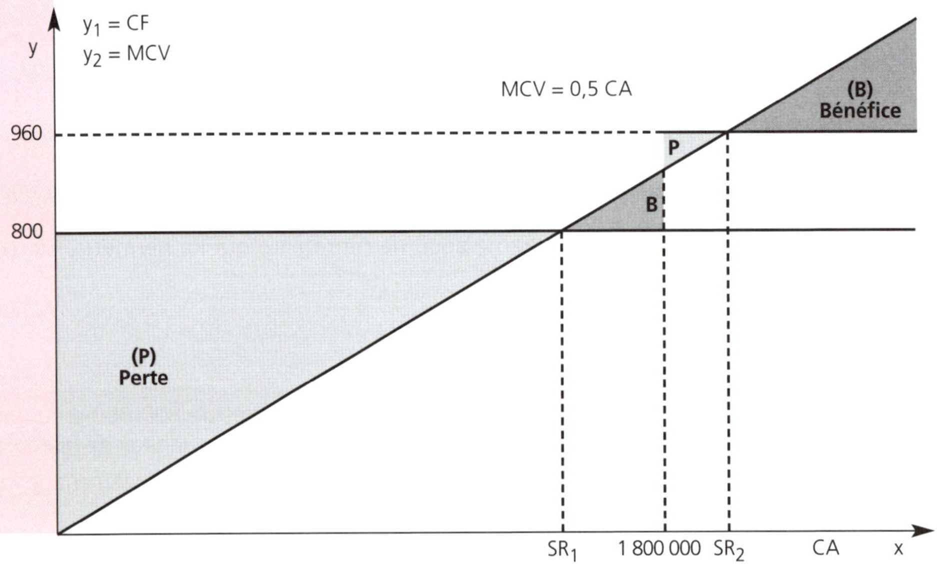


**À NOTER** • Lorsque l'entreprise est bénéficiaire, le seuil de rentabilité est inférieur au chiffre d'affaires ; dans le cas où celle-ci est déficitaire, le seuil de rentabilité est supérieur au chiffre d'affaires • Vous devez savoir reconstituer le compte de résultat différentiel en partant du résultat courant • Le chiffre d'affaires, le coût variable et la marge sur coût variable figurant dans le compte de résultat différentiel sont calculés en fonction des quantités vendues • Il est parfois nécessaire de ne pas arrondir le taux de marge sur coût variable • Un graphique peut servir d'énoncé.

**Face à un contexte économique difficile**

*Dans un contexte marqué par l'incertitude, l'entreprise cherche à abaisser le plus possible son seuil de rentabilité. Si elle rencontre des difficultés pour augmenter son chiffre d'affaires malgré des actions marketing et promotionnelles renforcées, elle doit chercher à réduire ses coûts fixes pour atteindre cet objectif d'abaisser son seuil de rentabilité.*

## 5 Le levier d'exploitation ou opérationnel

La notion de levier d'exploitation ou levier opérationnel vient compléter celle de l'indice de sécurité pour apprécier le ***risque d'exploitation***.

Le levier d'exploitation détermine l'***élasticité du résultat d'exploitation***, avant charges et produits financiers, par rapport au niveau d'activité (ou chiffre d'affaires).

Le rapport entre les ***variations du résultat*** et les ***variations du chiffre d'affaires*** s'établit ainsi :

$$\textbf{Coefficient de levier d'exploitation} = \frac{\dfrac{\Delta \text{ Résultat d'exploitation}}{\text{Résultat d'exploitation}}}{\dfrac{\Delta \text{ Chiffre d'affaires}}{\text{Chiffre d'affaires}}}$$

$$\Delta \text{ Résultat d'exploitation} = \Delta \text{ Chiffre d'affaires} \times \text{Taux de marge sur coût variable} \; ^{*}$$

* Si le taux de marge sur coût variable et les charges fixes sont constants

Le calcul du coefficient de levier d'exploitation peut être obtenu à partir de la marge sur coût variable et du résultat d'exploitation :

$$\textbf{Coefficient de levier d'exploitation} = \frac{\text{Marge sur coût variable}}{\text{Résultat d'exploitation}}$$

Il exprime :

- *la performance économique* dans le cas d'un accroissement du chiffre d'affaires ;
- *le risque économique* dans le cas d'une diminution du chiffre d'affaires.

Une variation du chiffre d'affaires entraîne une variation ***proportionnellement plus importante*** du résultat.

Plus les charges fixes sont importantes et plus le levier d'exploitation est élevé, plus le risque d'exploitation est grand ; par contre, le levier d'exploitation diminue au fur et à mesure de l'augmentation du chiffre d'affaires.

**Exemple**

L'entreprise Les perdrix réalise un chiffre d'affaires de 500 000 €, le résultat se monte à 50 000 €.

*Quelle est la variation du résultat pour une variation de chiffre d'affaires de 10 000 €.*

Le taux de marge sur coût variable est de 40 % et le montant des coûts fixes de 150 000 €.

*Calculer le coefficient de levier d'exploitation.*

***Résultat prévisionnel*** :

$$(510\,000 \times 0{,}40) - 150\,000 = 54\,000 \text{ €}$$

***Variation du résultat*** :

$$54\,000 - 50\,000 = 4\,000 \text{ €}$$

ou encore :

$$10\,000 \times 0{,}40 = 4\,000 \text{ €}$$

***Coefficient de levier d'exploitation*** :

$$\frac{\dfrac{4\,000}{50\,000}}{\dfrac{10\,000}{500\,000}} = 0{,}08 \times \frac{500\,000}{10\,000} = 0{,}08 \times 50 = 4$$

ou :

$$\frac{500\,000 \times 40\ \%}{50\,000} = 4$$

Si le chiffre d'affaires croît de 1 %, cela entraîne une augmentation du résultat d'exploitation de 4 %.

# PARTIE 3

# *L'analyse fonctionnelle de la structure financière*

# Le bilan fonctionnel

Chapitre **10**

## 1 Généralités

L'analyse fonctionnelle de la structure financière est basée sur l'étude de la ***couverture*** des emplois par les ressources en prenant en considération les ***trois grandes fonctions*** (investissement, financement, exploitation) dans les différents ***cycles économiques*** de l'entreprise.

Le bilan comptable est l'outil de base pour analyser la structure financière de l'entreprise. Cependant il est nécessaire de ***retraiter*** les éléments constitutifs du bilan comptable pour permettre :

**Une analyse économique**

↓

Les postes du bilan sont classés en ***masses homogènes*** d'après leur fonction respective : investissement, financement, exploitation.

↓

**Bilan fonctionnel**

Le rôle du bilan fonctionnel est :

- **D'apprécier** → la structure financière fonctionnelle de l'entreprise, dans une optique de continuité de l'activité.
- **D'évaluer** → les besoins financiers et le type de ressources dont dispose l'entreprise.
- **De déterminer** → l'équilibre financier en comparant les différentes masses du bilan classées par fonctions et en observant le degré de couverture des emplois par les ressources.
- **De calculer** → la marge de sécurité financière de l'entreprise.

**D'apprécier** → le risque de défaillance.

**De permettre** → la prise de décision.

## 2 La structure du bilan fonctionnel

Le bilan fonctionnel s'établit à partir du bilan comptable ***avant répartition du résultat***. Toutefois certaines ***corrections*** doivent être effectuées de manière à classer les emplois et les ressources en ***quatre masses homogènes*** significatives.

### *A – Les masses*

L'entreprise dispose de ressources :

→ ressources ***stables*** ⇒ cycle long de financement ;
→ passif ***circulant*** ⇒ dettes liées au cycle d'exploitation.

Ces ressources servent à financer des emplois :

→ actif ***stable*** ⇒ cycle long d'investissement ;
→ actif ***circulant*** ⇒ biens et créances liés au cycle d'exploitation.

Les emplois stables et l'actif circulant du bilan fonctionnel sont évalués en ***valeur brute***.

L'actif et le passif ***circulant*** sont structurés en ***trois parties*** :
- exploitation ;
- hors exploitation ;
- trésorerie.

| | Actif ou Emplois | Actif ou Emplois | |
|---|---|---|---|
| Rôle dans le cycle ***d'investissement*** | **Actif stable brut**<br>• Immobilisations incorporelles<br>• Immobilisations corporelles<br>• Immobilisations financières | **Ressources stables**<br>• Capitaux propres appelés<br>• Amortissements et dépréciations<br>• Provisions<br>• Dettes financières | Rôle dans le cycle de ***financement*** |
| Rôle dans le cycle ***d'exploitation*** | **Actif circulant brut**<br>• Actif circulant d'exploitation<br>• Actif circulant hors exploitation<br>• Actif de trésorerie | **Passif circulant**<br>• Dettes d'exploitation<br>• Dettes hors exploitation<br>• Passif de trésorerie | Rôle dans le cycle ***d'exploitation*** |

Le bilan fonctionnel peut être présenté sous la forme d'un ***graphique*** ; les masses sont alors exprimées en ***pourcentages***.

Cette représentation en facilite la visualisation et permet une ***comparaison rapide*** de plusieurs bilans fonctionnels.

## B – Les retraitements

Le bilan comptable subit plusieurs retraitements afin d'établir le bilan fonctionnel :

① **Reclasser** ⟶ certains postes du bilan comptable selon leur ***fonction*** :
- les amortissements, les dépréciations reclassés en ressources stables ;
- les charges à répartir sur plusieurs exercices reclassées en immobilisations ;
- les concours bancaires courants et soldes créditeurs banques reclassés en passif de trésorerie ;
- les intérêts courus non échus sur emprunts et sur prêts reclassés en dettes et créances hors exploitation ;
- les valeurs mobilières de placement reclassées, le plus souvent, en actif de trésorerie ;
- les charges et produits constatés d'avance ventilés en exploitation et hors exploitation.

② **Intégrer** ⟶ des éléments hors bilan :
- ***les effets escomptés non échus*** : effets de commerce remis en banque avant la date d'échéance ;
- ***les cessions de créances professionnelles*** (loi Dailly) : les effets et créances cédés non échus disparaissent de l'actif circulant du bilan comptable. Il est prudent de les réintégrer dans le bilan fonctionnel, car l'entreprise doit rembourser la banque en cas de défaillance du client à la date d'échéance ;
- ***le crédit-bail*** : le bilan fonctionnel considère les équipements financés par crédit-bail comme des immobilisations financées par un emprunt.

③ **Corriger** ⟶ les créances et les dettes pour ***annuler*** l'effet des écarts de conversion actif et passif et prendre en compte la valeur initiale des créances et des dettes.

④ **Éliminer** ⟶ certains postes du bilan comptable qui ne représentent pas de véritables ressources de financement :
- capital souscrit non appelé ;
- primes de remboursement des emprunts.

**À NOTER** • Les charges à répartir sur plusieurs exercices ne concernent que les frais d'émission d'emprunt (commissions bancaires, frais de publicité légale...).

## C – La présentation du bilan fonctionnel après retraitements

Dans le bilan fonctionnel, les emplois et les ressources sont classés de la manière suivante :

| **Actif (besoins de financement)** | **Passif (ressources de financement)** |
|---|---|
| **Emplois stables** | **Ressources stables** |
| • **Actif immobilisé brut**<br>+ Valeur d'origine des équipements financés par crédit-bail<br>+ Charges à répartir brut<br>+ Écart de conversion – Actif<br>– Écart de conversion – Passif<br>– Intérêts courus sur prêts<br><br>**Postes à éliminer :**<br>Capital non appelé<br>Primes de remboursement des obligations | • **Capitaux propres**<br>+ Amortissements et dépréciations<br>+ Amortissements du crédit-bail<br>+ Provisions<br>– Capital non appelé<br><br>• **Dettes financières**<br>+ Valeur nette des équipements financés par crédit-bail<br>– Primes de remboursement des obligations<br>– Intérêts courus sur emprunts<br>+ Écart de conversion – Passif<br>– Écart de conversion – Actif<br>– Concours bancaires et soldes créditeurs banques |
| **Actif circulant brut** | **Dettes circulantes** |
| • **Exploitation**<br>Stocks<br>+ Avances et acomptes versés sur commandes<br>+ Créances d'exploitation<br>+ Effets escomptés non échus<br>+ Charges constatées d'avance d'exploitation<br>+ Écart de conversion – Actif<br>– Écart de conversion – Passif<br><br>• **Hors exploitation**<br>Créances hors exploitation<br>+ Charges constatées d'avance hors exploitation<br>+ Capital souscrit appelé – Non versé<br>+ Intérêts courus sur prêts<br><br>• **Trésorerie active**<br>Valeurs mobilières de placement<br>+ Disponibilités | • **Exploitation**<br>Avances et acomptes reçus sur commandes<br>+ Dettes d'exploitation<br>+ Produits constatés d'avance d'exploitation<br>+ Dettes sociales et fiscales d'exploitation<br>+ Écart de conversion – Passif<br>– Écart de conversion – Actif<br><br>• **Hors exploitation**<br>Dettes hors exploitation<br>+ Dettes fiscales (impôts sur les sociétés)<br>+ Produits constatés d'avance hors exploitation<br>+ Intérêts courus sur emprunts<br><br>• **Trésorerie passive**<br>Concours bancaires courants et soldes créditeurs banques<br>+ Effets escomptés non échus |

À NOTER • Les valeurs mobilières de placement sont considérées soit comme un élément de l'actif circulant hors exploitation si elles ne sont pas liquides, soit comme un élément de la trésorerie active dans le cas contraire.

### Exemple

Le bilan résumé de la société Rosquerno se présente comme suit :

**Bilan en k€**

| Actif | Brut | Amortissements Dépréciations à déduire | Net | Passif | Net |
|---|---|---|---|---|---|
| Actif immobilisé | 15 000 | 8 000 | 7 000 | Capitaux propres | 5 820 |
| Actif circulant : | | | | Provisions | 700 |
| Créances (1) | 9 000 | 900 | 8 100 | Dettes : | |
| Disponibilités | 80 | | 80 | Dettes financières (2) | 3 600 |
| Charges constatées d'avance | 260 | | 260 | Dettes d'exploitation | 4 800 |
| | | | | Dettes diverses | 900 |
| Charges à répartir sur plusieurs exercices | 500 | | 500 | Produits constatés d'avance | 120 |
| Total général | 24 840 | 8 900 | 15 940 | Total général | 15 940 |

(1) dont créances hors exploitation : 2 000 k€

(2) dont concours bancaires : 450 k€

Les effets escomptés non échus s'élèvent à 200 K€.

*Établir le bilan fonctionnel après avoir effectué les retraitements nécessaires.*

***Les retraitements*** suivants sont à effectuer :

– actif stable (brut) :

| | | |
|---|---|---|
| Immobilisations brutes | : | 15 000 |
| Charges à répartir sur plusieurs exercices | : | 500 |
| | | 15 500 |

– actif circulant d'exploitation (brut) :

| | | |
|---|---|---|
| Créances d'exploitation | : | 7 000 |
| Charges constatées d'avance | : | 260 |
| Effets escomptés non échus | : | 200 |
| | | 7 460 |

– actif circulant hors exploitation (brut) :

| | | |
|---|---|---|
| Créances hors exploitation | : | 2 000 |

– actif de trésorerie :

| | | |
|---|---|---|
| Disponibilités | : | 80 |

– ressources stables :

| | | |
|---|---|---|
| Capitaux propres | : | 5 820 |
| Amortissements et dépréciations | : | 8 900 |
| Provisions | : | 700 |
| Dettes financières | : | 3 150 |
| | | 18 570 |

– passif d'exploitation :

| | | |
|---|---|---|
| Dettes d'exploitation | : | 4 800 |
| Produits constatés d'avance | : | 120 |
| | | 4 920 |

– passif hors exploitation :

| | | |
|---|---|---|
| Dettes diverses | : | 900 |

– passif de trésorerie :

| | | |
|---|---|---|
| Découvert bancaire | : | 450 |
| Effets escomptés non échus | : | 200 |
| | | 650 |

*Le bilan fonctionnel* se présente comme suit :

**Bilan fonctionnel condensé en K€**

| Actif | N | Passif | N |
|---|---|---|---|
| Actif stable | 15 500 | Ressources stables | 18 570 |
| Actif circulant d'exploitation | 7 460 | Passif d'exploitation | 4 920 |
| Actif circulant hors exploitation | 2 000 | Passif hors exploitation | 900 |
| Actif de trésorerie | 80 | Passif de trésorerie | 650 |
| | 25 040 | | 25 040 |

## 3 Les ratios

À partir du bilan fonctionnel, l'entreprise peut calculer :

**Le financement des emplois stables**

Ce ratio mesure la ***couverture*** des emplois stables par les ressources stables :

$$\frac{\text{Ressources stables}}{\text{Emplois stables}}$$

**L'autonomie financière**

Ce ratio mesure la ***capacité d'endettement*** de l'entreprise. Il ne doit pas être inférieur à 1 :

$$\frac{\text{Ressources propres}}{\text{Endettement financier*}}$$

* Endettement financier = Dettes financières + Passif de trésorerie

**Exemple**

La balance par solde après inventaire (exercice N) de l'entreprise Loc se présente comme suit :

| N° | Intitulés des comptes | Soldes | |
|---|---|---|---|
| | | Débit | Crédit |
| 101 | Capital | | 3 000 000 |
| 106 | Réserves | | 2 800 000 |
| 110 | Report à nouveau | | 25 000 |
| 120 | Résultat de l'exercice | ? | ? |
| 151 | Provisions pour risques | | 42 000 |
| 164 | Emprunts auprès des établissements de crédit (1) | | 1 200 000 |
| 201 | Frais d'établissement | 90 000 | |
| 207 | Fonds commercial | 430 000 | |
| 213 | Constructions | 2 970 000 | |
| 2182 | Matériel de transport | 148 000 | |
| 2183 | Matériel de bureau et matériel informatique | 195 000 | |
| 2184 | Mobilier | 184 000 | |
| 274 | Prêts | 15 000 | |
| 275 | Dépôts et cautionnements versés | 6 000 | |
| 2801 | Amortissements des frais d'établissement | | 60 000 |
| 2813 | Amortissements des constructions | | 788 000 |
| 28182 | Amortissements du matériel de transport | | 22 200 |
| 28183 | Amortissements du matériel de bureau et matériel informatique | | 58 500 |
| 28184 | Amortissements du mobilier | | 83 600 |
| 370 | Stocks de marchandises | 482 000 | |
| 401 | Fournisseurs | | 1 984 000 |
| 403 | Fournisseurs – Effets à payer | | 1 163 000 |
| 404 | Fournisseurs d'immobilisations | | 73 500 |
| 408 | Fournisseurs – Factures non parvenues | | 9 270 |
| 411 | Clients | 3 109 800 | |

| | | | |
|---|---|---|---|
| 413 | Clients – Effets à recevoir | 845 000 | |
| 4181 | Clients – Factures à établir | 6 340 | |
| 444 | État – Impôts sur les bénéfices | 554 000 | 526 340 |
| 44551 | TVA à décaisser | | |
| 486 | Charges constatées d'avance (2) | 16 920 | 4 040 |
| 487 | Produits constatés d'avance | | 62 500 |
| 491 | Dépréciations des comptes clients | | |
| 503 | Actions | 80 470 | |
| 512 | Banques | 3 134 680 | |
| 531 | Caisse | 2 178 | |
| | Total | ? | ? |

(1) dont soldes créditeurs banque : 42 860 €
(2) concernent l'exploitation.

Vous disposez, en outre, des informations complémentaires suivantes :

– les valeurs mobilières de placement constituent un élément de l'actif circulant hors exploitation ;

– effets escomptés non échus : 282 000 € ;

– l'entreprise Loc exploite depuis deux ans du matériel informatique financé par un contrat de crédit-bail :

Valeur à neuf du matériel : 245 000 € ;

Durée du contrat : 5 ans ;

Valeur du matériel informatique en fin de contrat : 100 000 €.

– cession de créances professionnelles : 58 200 €.

*Déterminer le résultat de l'exercice.*

*Effectuer les retraitements.*

*Présenter le bilan fonctionnel condensé.*

*Représenter le bilan fonctionnel à l'aide d'un diagramme à barres.*

*Calculer le ratio de financement des emplois stables et celui de l'autonomie financière.*

***Détermination du résultat de l'exercice*** :

| Total soldes débiteurs | – | Total soldes créditeurs | = | Résultat |
|---|---|---|---|---|
| 12 269 388 | – | 11 901 950 | = | 367 438 |

***Les retraitements*** suivants sont à effectuer :

– actif stable :

| | | |
|---|---|---|
| Immobilisations brutes | : | 4 038 000 |
| 90 000 + 430 000 + 2 970 000 + 148 000 + 195 000 + 184 000 + 15 000 + 6 000 | | |
| Crédits-bail | : | 245 000 |
| | | 4 283 000 |

– actif circulant d'exploitation :

| | | |
|---|---|---|
| Stocks bruts | : | 482 000 |
| Créances et comptes rattachés d'exploitation bruts<br>3 109 800 + 845 000 + 6 340 + 16 920 | : | 3 978 060 |
| Effets escomptés non échus | : | 282 000 |
| Cession de créances professionnelles | : | 58 200 |
| | | 4 800 260 |

– actif circulant hors exploitation :

| | | |
|---|---|---|
| État – Impôts sur les bénéfices | : | 554 000 |
| Valeurs mobilières de placement | : | 80 470 |
| | | 634 470 |

– actif de trésorerie :

| | | |
|---|---|---|
| Disponibilités<br>3 134 680 + 2 178 | : | 3 136 858 |

– ressources stables :

| | | |
|---|---|---|
| Capitaux propres<br>3 000 000 + 2 800 000 + 25 000 + 367 438 | : | 6 192 438 |
| Amortissements et dépréciations, amortissement du crédit-bail, provisions<br>60 000 + 788 000 + 22 200 + 58 500 + 83 600 + 58 000* + 62 500 + 42 000 | : | 1 174 800 |
| Dettes financières<br>(1 200 000 – 42 860) + (245 000 – 58 000) | : | 1 344 140 |
| | | 8 711 378 |

* $\frac{(245\ 000 - 100\ 000)}{5} \times 2$

– dettes d'exploitation :

| | | |
|---|---|---|
| Fournisseurs et comptes rattachés<br>1 984 000 + 1 163 000 + 9 270 | : | 3 156 270 |
| Dettes fiscales et sociales | : | 526 340 |
| Produits constatés d'avance | : | 4 040 |
| | | 3 686 650 |

– dettes hors exploitation :

| | | |
|---|---|---|
| Dettes sur immobilisations | : | 73 500 |

– passif de trésorerie :

| | | |
|---|---|---|
| Effets escomptés non échus | : | 282 000 |
| Découverts bancaires | : | 42 860 |
| Cession de créances professionnelles | : | 58 200 |
| | | 383 060 |

***Le bilan condensé*** se présente comme suit :

| **Actif stable brut** | **4 283 000** | **Ressources stables** | **8 711 378** |
|---|---|---|---|
| | | • Capitaux propres | 6 192 438 |
| | | • Amortissements, dépréciations et provisions | 1 174 800 |
| | | • Dettes financières | 1 344 140 |
| **Actif circulant brut** | **8 571 588** | **Passif circulant** | **4 143 210** |
| • Actif circulant d'exploitation | 4 800 260 | • Dettes d'exploitation | 3 686 650 |
| • Actif circulant hors exploitation | 634 470 | • Dettes hors exploitation | 73 500 |
| • Actif de trésorerie | 3 136 858 | • Passif de trésorerie | 383 060 |
| Totaux | 12 854 588 | Totaux | 12 854 588 |

La présentation du ***diagramme en barres*** est la suivante :

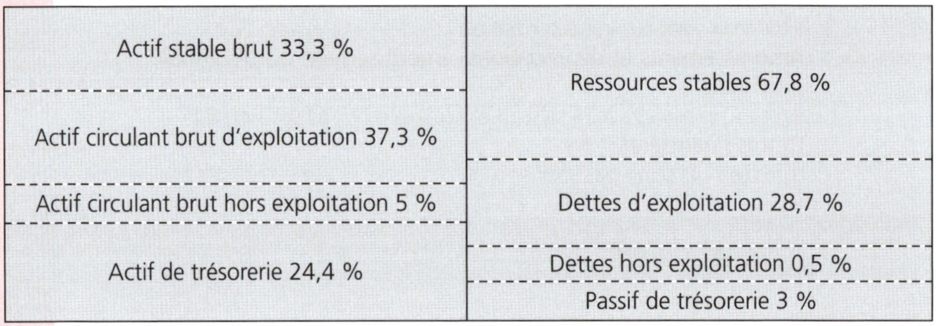


***Ratio de financement des emplois stables*** :

$$\frac{8\,711\,378}{4\,283\,000} = 2{,}03 \longrightarrow$$ Les ressources stables couvrent largement les emplois stables

***Ratio d'autonomie financière*** :

$$\frac{6\,192\,438 + 1\,174\,800}{1\,344\,140 + 383\,060} = 4{,}27 \longrightarrow$$ L'entreprise a une forte capacité d'endettement

# Le fonds de roulement net global
# Le besoin en fonds de roulement
# La trésorerie

Chapitre **11**

## 1 Le fonds de roulement net global (FRNG)

### A – Définition

Avant de définir la notion de fonds de roulement net global (FRNG), il est utile de connaître une des règles de l'équilibre financier selon laquelle *les emplois durables doivent être financés par des ressources stables*.

Le fonds de roulement net global représente *une ressource durable* ou structurelle mise à la disposition de l'entreprise pour *financer* des besoins du *cycle d'exploitation* ayant un caractère permanent.

Le fonds de roulement net global est pour l'entreprise une *marge de sécurité* financière destinée à financer une partie de l'actif circulant. Son augmentation accroît les disponibilités de l'entreprise.

### B – Le calcul du fonds de roulement net global

Le fonds de roulement net global s'obtient par différence entre deux masses du bilan fonctionnel. Le calcul peut s'effectuer :

- par le *haut* du bilan ⇒ cycle long
- par le *bas* du bilan ⇒ cycle court

**Le haut du bilan**

↓

Ressources stables
–
Actif stable brut

↓

Cette méthode permet de mesurer la *part de ressources durables consacrée au financement de l'actif circulant.*

**Le bas du bilan**

↓

Actif circulant
–
Passif circulant

↓

Cette méthode permet de calculer la *part de l'actif circulant qui n'est pas financée par le passif circulant.*

Le fonds de roulement net global est mis en évidence par la représentation graphique du bilan fonctionnel :

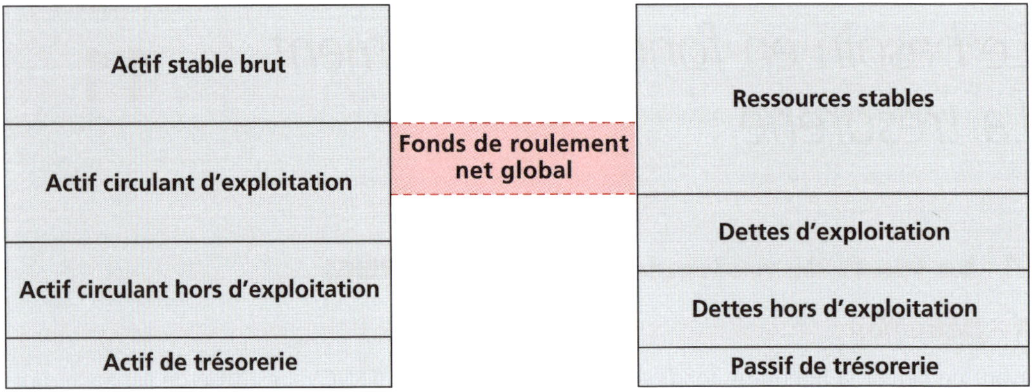


À NOTER • Le fonds de roulement net global peut être négatif • La différence entre ressources d'exploitation et besoins d'exploitation peut dégager des ressources à la place du besoin en fonds de roulement (cas des entreprises de distribution) • Vérifiez vos calculs à l'aide des différentes méthodes • N'hésitez pas à illustrer vos calculs à l'aide de schémas.

## C – L'évolution du fonds de roulement net global

Un fonds de roulement net global est nécessaire dans la plupart des entreprises. Il est donc important pour l'entreprise de suivre l'***évolution*** de celui-ci ***sur plusieurs exercices*** :

| Variation | Origines | Effets |
|---|---|---|
| Augmentation du fonds de roulement net global | + Ressources durables<br>– Emplois stables | Amélioration de la situation financière à condition que l'augmentation du fonds de roulement ne provienne pas uniquement d'un endettement à long terme. |
| Diminution du fonds de roulement net global | + Emplois stables<br>– Ressources durables | Diminution de la marge de sécurité, mais elle peut être la conséquence du financement d'investissements rentables. |
| Fonds de roulement net global identique | Stabilité des ressources durables et de l'actif stable | Stagnation temporaire de l'entreprise. Ralentissement prolongé de la croissance. |

**Face à un contexte économique difficile**

*Dans la situation d'une reprise économique fragile, il est essentiel de déterminer le fonds de roulement net global minimum pour assurer l'existence de l'entreprise. Pour améliorer le fonds de roulement net global, il est nécessaire, par exemple :*
*– de se concentrer sur les investissements indispensables ;*
*– de se séparer rapidement des investissements non productifs ;*
*– d'étudier les avantages du recours au crédit-bail ;*
*– de renforcer les capitaux propres ;*
*– de réaliser un emprunt si le taux d'endettement de l'entreprise est correct.*

Le fonds de roulement net global peut être exprimé en nombre de jours de chiffre d'affaires d'après le ratio suivant :

$$\frac{\text{Fonds de roulement net global}}{\text{Chiffre d'affaires hors taxes}} \times 360 \text{ j}$$

Pour être signifiant, le fonds de roulement net global doit être comparé au besoin en fonds de roulement ; de même pour en déterminer le niveau satisfaisant.

## 2 Le besoin en fonds de roulement (BFR)

### A – Le cycle d'exploitation

Le cycle d'exploitation est constitué par les opérations :

- d'achats ;
- de fabrication ;
- de ventes.

Il crée des :

**Flux réels**

– de matières premières
– de marchandises
– de produits

**Flux financiers**

– de décaissements
– d'encaissements

Les ***délais*** qui s'écoulent entre les achats, la production et les ventes ***entraînent la constitution de stocks***.

Les ***décalages*** dans le temps entre les flux réels et les flux financiers ***font naître des dettes et des créances*** :

– délais entre achats et décaissements ⇒ Dettes

– délais entre ventes et encaissements ⇒ Créances

## B – Le calcul du besoin en fonds de roulement

Le besoin en fonds de roulement est la partie des besoins d'exploitation ***qui n'est pas assurée*** par les ressources d'exploitation.

**Besoin en fonds de roulement** = Besoins de financement du cycle d'exploitation – Ressources de financement du cycle d'exploitation

Le besoin en fonds de roulement comprend deux parties :

- le besoin en fonds de roulement ***d'exploitation*** (BFRE) ;
- le besoin en fonds de roulement ***hors exploitation*** (BFRHE).

La partie essentielle est le besoin en fonds de roulement d'***exploitation*** ; ses composantes sont ***directement liées à l'activité*** de l'entreprise.

**Besoins en fonds de roulement d'exploitation**

| Besoins | Ressources |
|---|---|
| • Stocks et en-cours (1) | • Avances et acomptes reçus sur commandes<br>• Dettes fournisseurs et comptes rattachés<br>• Dettes fiscales (TVA) et sociales<br>• Produits constatés d'avance d'exploitation |
| • Avances et acomptes versés<br>• Créances clients et comptes rattachés (1)<br>• Charges constatées d'avance d'exploitation<br>• Effets escomptés non échus (hors bilan) | **Besoin en fonds de roulement d'exploitation** |

(1) Le montant des postes stocks et créances est brut, les dépréciations étant considérées comme des ressources stables.

Le besoin en fonds de roulement hors exploitation est la partie du besoin en fonds de roulement ***qui n'est pas liée directement au chiffre d'affaires*** ; il présente un caractère instable.

**Besoins en fonds de roulement hors exploitation**

| Besoins | Ressources |
|---|---|
| • Créances diverses<br>• Capital souscrit, appelé, non versé<br>• Charges constatées d'avance hors exploitation | • Dettes sur immobilisations et comptes rattachés<br>• Dettes fiscales (impôts sur les sociétés)<br>• Dettes sociales (participation des salariés)<br>• Autres dettes diverses |
| | **Besoin en fonds de roulement hors exploitation** |

Le fonds de roulement net global doit permettre de ***couvrir*** le besoin en fonds de roulement.

Plusieurs facteurs influent directement sur le niveau du besoin en fonds de roulement d'exploitation :

**La durée du cycle d'exploitation**

↓

Il est variable selon les branches d'activité. Plus le cycle d'exploitation est ***long***, plus le besoin en fonds de roulement est ***important***.

**Le niveau du chiffre d'affaires**

↓

Les éléments constitutifs du besoin en fonds de roulement (stocks, créances, dettes) sont sensiblement ***proportionnels*** au chiffre d'affaires.

Le ratio ci-dessous permet d'en mesurer le poids :

$$\frac{\text{Besoin en fonds de roulement d'exploitation}}{\text{Chiffre d'affaires}}$$

**Les décisions de gestion**

↓

En matière de crédits fournisseurs, de crédit clients et de stockage.

Le besoin en fonds de roulement d'exploitation peut s'exprimer en nombre de jours de chiffre d'affaires :

$$\frac{\text{Besoin en fonds de roulement d'exploitation}}{\text{Chiffre d'affaires hors taxes}} \times 360 \text{ j}$$

## C – Les ratios de rotation

Les ratios de rotation sont au nombre de trois. Ils s'expriment généralement en ***jours***.

**Le délai de rotation des stocks** → Il est influencé par la durée du cycle d'exploitation, le secteur d'activité, la saisonnalité des ventes et le caractère périssable ou non du produit.

**La durée du crédit clients** → Il dépend du secteur d'activité, des délais de paiement imposés par la loi ou des accords dérogatoires interprofessionnels prévus, du délai de facturation, de l'efficacité du système de relance client, de la politique commerciale menée par l'entreprise et de la conjoncture économique.

**La durée du crédit fournisseurs** → Il dépend du secteur d'activité, des délais de paiement imposés par la loi ou des accords dérogatoires interprofessionnels prévus, de la politique d'approvisionnement menée par l'entreprise et de la conjoncture économique.

Ces ratios sont essentiels pour l'***analyse*** du besoin en fonds de roulement d'exploitation. Ils permettent :

- ***d'expliquer*** l'évolution du besoin en fonds de roulement d'exploitation ;
- ***d'analyser*** les éléments constitutifs du besoin en fonds de roulement d'exploitation ;
- ***de comprendre*** l'évolution de l'équilibre financier.

**Durée moyenne de stockage des marchandises – des achats de matières – des produits**

↓

$$\frac{\text{Stock moyen}}{\text{Coût d'achat des marchandises vendues ou Coût des achats consommés ou Coût de production des produits}} \times 360 \text{ j}$$

Par exemple, un ***allongement*** de la durée

⇓

Une ***augmentation*** du besoin en fonds de roulement d'exploitation (et inversement)

**Durée moyenne du crédit clients**

↓

$$\frac{\text{Créances clients + Effets escomptés non échus}}{\text{Chiffre d'affaires TTC}} \times 360 \text{ j}$$

Par exemple, un ***allongement*** de la durée

⇓

Une ***augmentation*** du besoin en fonds de roulement d'exploitation (et inversement)

**Durée moyenne du crédit fournisseurs**

↓

$$\frac{\text{Dettes fournisseurs}}{\text{Consommations en provenance des tiers TTC}} \times 360 \text{ j}$$

Par exemple, un ***allongement*** de la durée

⇓

Une ***diminution*** du besoin en fonds de roulement d'exploitation (et inversement)

**Face à un contexte économique difficile**

*Dans la situation d'une reprise économique fragile, les entreprises doivent porter une attention particulière à la gestion de leur besoin en fonds de roulement afin d'éviter des problèmes de liquidité et des déséquilibres financiers.*

*Certaines actions peuvent être menées dans ce sens comme, par exemple :*
- *analyser le carnet de commandes ;*
- *comparer les ratios des délais de rotation des éléments du besoin en fonds de roulement aux ratios moyens sectoriels pour identifier et anticiper toute dérive et agir en conséquence ;*
- *vérifier l'évolution des délais de paiement des clients ;*
- *élaborer un plan de relance clients efficace ;*
- *réduire les délais de facturation et de livraison ;*
- *contracter une assurance-crédit ;*
- *diversifier la clientèle pour parer à la défaillance d'un gros client ;*
- *identifier les fournisseurs et les clients à risques ;*
- *éviter le surstockage et liquider les anciens stocks ;*
- *vérifier les conséquences des délais de paiement prévus par la loi (60 jours à partir de la date d'émission de la facture)* sur le besoin en fonds de roulement ;*
- *avoir recours à l'affacturage pour financer les créances clients ;*
- *profiter pour les entreprises innovantes des mesures d'aides à l'innovation nationales et européennes, en bénéficiant notamment du dispositif du crédit impôt recherche et de son préfinancement… ;*
- *…*

* Un délai maximal de 45 jours fin de mois peut être convenu entre les parties sous réserve qu'il soit stipulé par contrat.

## 3 La trésorerie

Son rôle est ***primordial*** : toutes les opérations de l'entreprise se matérialisent par des flux d'entrée ou des flux de sortie de trésorerie.

La trésorerie permet d'établir l'***équilibre financier*** entre le fonds de roulement net global et le besoin en fonds de roulement d'après la ***relation fondamentale*** :

**Trésorerie** = Fonds de roulement net global – Besoin en fonds de roulement

d'où :

**Fonds de roulement net global** = Besoin en fonds de roulement + Trésorerie

La trésorerie exprime le surplus ou l'insuffisance de marge de sécurité financière après le financement du besoin en fonds de roulement.

Elle est composée des éléments suivants :

**Trésorerie**

| Besoins | Ressources |
|---|---|
| • Valeurs mobilières de placement[1]<br>• Disponibilités | • Concours bancaires courants<br>• Banques et organismes financiers « *soldes créditeurs* »<br>• Effets escomptés non échus (hors bilan) |
| | **Trésorerie positive** |

(1) Les valeurs mobilières de placement peuvent faire partie de l'actif circulant hors exploitation.

La trésorerie est également calculée de la manière suivante :

**Trésorerie** = Actif de trésorerie – Passif de trésorerie

On distingue trois situations de trésorerie possible :

| Trésorerie positive | Trésorerie négative | Trésorerie proche de zéro |
|---|---|---|
| Fonds de roulement net global > Besoin en fonds de roulement | Fonds de roulement net global < Besoin en fonds de roulement | Fonds de roulement net global ≈ Besoin en fonds de roulement |
| L'équilibre financier fonctionnel est respecté.<br>L'entreprise possède des ***excédents de trésorerie***. | L'équilibre financier fonctionnel n'est pas respecté.<br>L'entreprise a recours aux crédits de trésorerie pour financer le besoin en fonds de roulement. Elle est ***dépendante des banques***. | L'équilibre financier fonctionnel est respecté.<br>Cette situation peut être considérée comme la ***meilleure*** du point de vue de l'analyse fonctionnelle. |

Pour affiner son appréciation sur la situation de la trésorerie nette, l'analyste doit intégrer les ***potentialités*** de l'entreprise à se procurer rapidement des disponibilités (effets escomptables) ou des financements à court terme (créances mobilisables, crédits fournisseurs…).

## Face à un contexte économique difficile

*Lorsqu'une entreprise rencontre des difficultés avec sa banque pour résoudre des problèmes de financement ou de trésorerie, elle peut faire appel, dans le cadre du plan de soutien à l'activité et aux entreprises, à un médiateur du crédit dont le rôle est de la conseiller et d'intervenir dans les négociations avec sa banque afin de débloquer la situation. L'entreprise doit à cet effet constituer un dossier de médiation en ligne sur le site internet suivant : www.mediateurducredit.fr*

*Par ailleurs, depuis janvier 2013, les PME et les TPE qui rencontrent des difficultés conjoncturelles de trésorerie peuvent solliciter la Banque publique d'investissement (BPI) pour garantir leurs crédits bancaires à court terme destinés à financer l'augmentation du besoin en fonds de roulement et à consolider les crédits à court terme existants.*

*Enfin, toutes les entreprises bénéficiaires du CICE peuvent prétendre au préfinancement du CICE sous la forme d'un crédit de trésorerie auprès de la BPI ou de leur banque.*

### Exemple

La société Lafitte vous confie l'analyse des bilans fonctionnels N – 1 et N :

**Bilan fonctionnel N – 1**

| | | | | | | | |
|---|---|---|---|---|---|---|---|
| **Actif immobilisé brut** | | | 405 000 | **Ressources stables** | | | 407 000 |
| • Immobilisations incorporelles | | 45 000 | | • Capitaux propres | | 290 000 | |
| Fonds commercial | 45 000 | | | • Amortissements, dépréciations et provisions | | 82 000 | |
| • Immobilisations corporelles | | 350 000 | | • Autres dettes financières | | 35 000 | |
| Installations techniques | 160 000 | | | | | | |
| Autres | 190 000 | | | | | | |
| • Immobilisations financières | | 10 000 | | | | | |
| **Actif circulant brut** | | | 235 200 | **Passif circulant** | | | 233 200 |
| • Actif d'exploitation | | 186 000 | | • Dettes d'exploitation | | 155 000 | |
| Stock | 100 000 | | | Fournisseurs et comptes rattachés | 125 000 | | |
| Créances | 82 000 | | | Dettes fiscales et sociales | 28 000 | | |
| Charges constatées d'avance | 3 000 | | | Produits comptabilisés d'avance | 2 000 | | |
| Effets escomptés non échus | 1 000 | | | • Dettes hors exploitation | | 60 000 | |
| • Actif hors exploitation | | 22 000 | | • Passif de trésorerie | | 18 200 | |
| • Actif de trésorerie | | 27 200 | | Banque (soldes créditeurs) | 17 200 | | |
| Valeurs mobilières de placement | 3 000 | | | Effets escomptés non échus | 1 000 | | |
| Disponibilités | 24 200 | | | | | | |
| | | | 640 200 | | | | 640 200 |

## Bilan fonctionnel N

| | | | | | | | |
|---|---|---|---|---|---|---|---|
| **Actif immobilisé brut** | | | 448 000 | **Ressources stables** | | | 530 000 |
| • Immobilisations incorporelles | | 45 000 | | • Capitaux propres | | 410 000 | |
| Fonds commercial | 45 000 | | | • Amortissements, dépréciations et provisions | | 95 000 | |
| • Immobilisations corporelles | | 385 000 | | • Autres dettes financières | | 25 000 | |
| Installations techniques | 170 000 | | | | | | |
| Autres | 215 000 | | | | | | |
| • Immobilisations financières | | 18 000 | | | | | |
| **Actif circulant brut** | | | 191 500 | **Passif circulant** | | | 109 500 |
| • Actif d'exploitation | | 115 500 | | • Dettes d'exploitation | | 83 000 | |
| Stock | 23 500 | | | Fournisseurs et comptes rattachés | 68 000 | | |
| Créances | 84 000 | | | Dettes fiscales et sociales | 14 000 | | |
| Charges constatées d'avance | 6 500 | | | Produits comptabilisés d'avance | 1 000 | | |
| Effets escomptés non échus | 1 500 | | | • Dettes hors exploitation | | 24 000 | |
| • Actif hors exploitation | | 57 000 | | • Passif de trésorerie | | 2 500 | |
| • Actif de trésorerie | | 19 000 | | Banque (soldes créditeurs) | 1 000 | | |
| Valeurs mobilières de placement | 3 000 | | | Effets escomptés non échus | 1 500 | | |
| Disponibilités | 16 000 | | | | | | |
| | | | 639 500 | | | | 639 500 |

*Calculer pour chaque exercice :*

*– le fonds de roulement net global ;*

*– le besoin en fonds de roulement d'exploitation ;*

*– le besoin en fonds de roulement hors exploitation ;*

*– la trésorerie nette.*

*Commenter l'évolution de l'ensemble de ces indicateurs.*

Le calcul du fonds de roulement net global, du besoin en fonds de roulement d'exploitation, du besoin en fonds de roulement hors exploitation et de la trésorerie nette est le suivant :

| Éléments de calcul | | Exercice | |
|---|---|---|---|
| | | N – 1 | N |
| **Fonds de roulement net global** | | | |
| • Ressources stables | | 407 000 | 530 000 |
| • Actif immobilisé | – | 405 000 | 448 000 |
| | = | 2 000 | 82 000 |
| **Contrôle** | | | |
| • Actif circulant | | 235 200 | 191 500 |
| • Dettes cycliques | – | 233 200 | 109 500 |
| | = | 2 000 | 82 000 |
| **Besoin en fonds de roulement d'exploitation** | | | |
| • Actif d'exploitation | | 186 000 | 115 500 |
| • Dettes d'exploitation | – | 155 000 | 83 000 |
| | = | 31 000 | 32 500 |
| **Besoin en fonds de roulement hors exploitation** | | | |
| • Actif hors exploitation | | 22 000 | 57 000 |
| • Dettes hors exploitation | – | 60 000 | 24 000 |
| | = | – 38 000 | 33 000 |
| **Besoin en fonds de roulement** | | | |
| • Besoin en fonds de roulement d'exploitation | | 31 000 | 32 500 |
| • Besoin en fonds de roulement hors exploitation | + | (– 38 000) | 33 000 |
| | = | – 7 000 | 65 500 |
| **Trésorerie nette** | | | |
| • Actif de trésorerie | | 27 200 | 19 000 |
| • Passif de trésorerie | – | 18 200 | 2 500 |
| | = | 9 000 | 16 500 |
| **Vérification** | | | |
| • Fonds de roulement net global | | 2 000 | 82 000 |
| • Besoin en fonds de roulement | – | (– 7 000) | 65 500 |
| | = | 9 000 | 16 500 |

***L'exercice N – 1*** se caractérise par un fonds de roulement très faible qui ne couvre pas le besoin en fonds de roulement d'exploitation ; cependant la trésorerie est positive grâce à une ressource en fonds de roulement hors exploitation. La situation est amenée à se dégrader dès le paiement des dettes hors exploitation.

***La situation en N*** s'est largement améliorée, grâce à une augmentation sensible du fonds de roulement net global due à une augmentation des capitaux permanents (Capitaux propres + Dettes). Les dettes cycliques ont augmenté, l'actif circulant d'exploitation a diminué, cette diminution est due à une forte baisse du stock. On constate un besoin en fonds de roulement, mais l'équilibre financier est respecté puisque la trésorerie nette est positive.

# *Synthèse corrigée sur l'analyse fonctionnelle du bilan*

Chapitre **12**

## 1 Énoncé

Le bilan de l'entreprise Casanis des bois, spécialisée dans le négoce de bois exotique, se résume ainsi pour le dernier exercice :

| ACTIF | Exercice N | | |
|---|---|---|---|
| | **Brut** | **Amortissements Dépréciations à déduire** | **Net** |
| ACTIF IMMOBILISÉ | | | |
| Immobilisations incorporelles[1] | 20 000 | 4 000 | 16 000 |
| Immobilisations corporelles | 180 000 | 52 000 | 128 000 |
| **TOTAL I** | 200 000 | 56 000 | 144 000 |
| ACTIF CIRCULANT | | | |
| Stocks | 92 000 | 4 000 | 88 000 |
| Créances clients et comptes rattachés | 66 000 | 2 000 | 64 000 |
| **Autres créances[2]** | 8 000 | | 8 000 |
| Disponibilités | 36 000 | | 36 000 |
| **TOTAL II** | 202 000 | 6 000 | 196 000 |
| **TOTAL GÉNÉRAL** | 402 000 | 62 000 | 340 000 |

(1) frais d'établissement
(2) ne concernent pas l'exploitation

Les effets escomptés non échus s'élèvent à 9 400 €.

| PASSIF | Exercice N |
|---|---|
| CAPITAUX PROPRES | |
| Capital | 100 000 |
| Réserves | 44 000 |
| Résultat de l'exercice | 46 000 |
| **TOTAL I** | 190 000 |
| DETTES | |
| Emprunts et dettes auprès des établissements de crédit[1] | 84 000 |
| Dettes fournisseurs et comptes rattachés | 46 000 |
| Dettes fiscales et sociales[2] | 14 000 |
| Dettes sur immobilisations | 4 200 |
| Autres dettes | 1 800 |
| **TOTAL II** | 150 000 |
| **TOTAL GÉNÉRAL** | 340 000 |

(1) dont solde créditeur banque : 8 000 €
(2) ne concernent que l'exploitation

### Renseignements complémentaires

La société utilise depuis 2 ans un bien financé par un contrat de crédit-bail d'une durée de 4 ans. Le prix du bien neuf s'élève à 80 000 € et sa valeur en fin de contrat est de 40 000 €.

Le stock initial des marchandises au 1er janvier N est de 95 000 €. Le chiffre d'affaires TTC pour N s'élève à 745 000 €. Le coût d'achat des marchandises vendues est de 389 500 € et la consommation en provenance des tiers TTC est de 275 449 €.

Les ratios moyens du secteur sont les suivants : stockage 90 jours ; crédit clients 30 jours ; crédit fournisseurs 60 jours.

***1) Présenter le bilan fonctionnel***

***2) Calculer le fonds de roulement net global, le besoin en fonds de roulement d'exploitation, le besoin en fonds de roulement hors exploitation et la trésorerie***

***3) Calculer les ratios de rotation***

## 2 Corrigé

### 1) Les différents retraitements et la présentation du bilan fonctionnel

***Actif stable*** : Immobilisations brutes + Crédit-bail
280 000 = 200 000 80 000

*Actif circulant d'exploitation* :

| | | |
|---|---|---|
| | Stocks bruts | 92 000 |
| + | Créances et comptes rattachés d'exploitation brut | 66 000 |
| + | Effets escomptés non échus | 9 400 |

= 280 000

*Actif circulant hors exploitation* = Créances diverses = 8 000

*Actif de trésorerie* = Disponibilités = 36 000

*Ressources stables* :

| | | |
|---|---|---|
| | Capitaux propres | 190 000 |
| + | Amortissements et dépréciations, amortissement du crédit-bail* | 82 000 |
| | Dettes financières et valeur nette du bien financé par crédit-bail (84 000 – 8 000) + (80 000 – 20 000) | 136 000 |

= 408 000

* 56 000 + 6 000 + [(80 000 – 40 000) / 4 x 2]

*Dettes d'exploitation* : Fournisseurs et comptes rattachés + Dettes fiscales et sociales
60 000 = 46 000 14 000

*Dettes hors exploitation* : Dettes sur immobilisations + Autres dettes
6 000 = 4 200 1 800

*Passif de trésorerie* : Effets escomptés non échus + Découverts bancaires
17 400 = 9 400 8 000

Bilan fonctionnel

| | | | |
|---|---|---|---|
| **Actif stable brut** | **280 000** | **Ressources stables** | **408 000** |
| | | • Capitaux propres<br>• Amortissements et dépréciations<br>• Dettes financières | 190 000<br>82 000<br>136 000 |
| **Actif circulant brut** | **211 400** | **Passif circulant** | **83 400** |
| • Actif circulant d'exploitation<br>• Actif circulant hors exploitation<br>• Actif de trésorerie | 167 400<br>8 000<br>36 000 | • Dettes d'exploitation<br>• Dettes hors exploitation<br>• Passif de trésorerie | 60 000<br>6 000<br>17 400 |
| Totaux | 491 400 | Totaux | 491 400 |

## 2) Le fonds de roulement net global – Le besoin en fonds de roulement d'exploitation – Le besoin en fonds de roulement hors exploitation – La trésorerie

*Fonds de roulement net global* : Ressources stables – Actif stable
128 000 = 408 000 280 000

***Besoin en fonds de roulement d'exploitation*** : Actif ciculant d'exploitation – Dettes d'exploitation
107 400 = 167 400 60 000

***Besoin en fonds de roulement hors exploitation*** : Actif ciculant hors exploitation – Dettes hors exploitation
2 000 = 8 000 6 000

***Trésorerie*** : Actif de trésorerie – Passif de trésorerie
18 600 = 36 000 17 400

Fonds de roulement net global – (Besoin en fonds de roulement d'exploitation + Besoin en fonds de roulement hors exploitation)
18 600 = 128 000 – (107 400 + 2 000)

L'équilibre financier est ***respecté*** puisque le fonds de roulement net global est supérieur au besoin en fonds de roulement ; la trésorerie est donc positive.

## 2) Les ratios de rotation

***Stock moyen*** = (Stock initial + Stock final) / 2
( 95 000 + 92 000 ) / 2 93 500

| Ratios | Entreprise | Secteur |
|---|---|---|
| **Durée moyenne de stockage :** $\frac{\text{Stock moyen}}{\text{Coût d'achat des marchandises vendues}} \times 360$ j | $\frac{93\,500}{389\,500} \times 360$ j = 86 j | 90 j |
| **Durée moyenne du crédit clients :** $\frac{\text{Créances clients + Effets escomptés non échus}}{\text{Chiffre d'affaires TTC}} \times 360$ j | $\frac{66\,000 + 9\,400}{745\,000} \times 360$ j = 36 j | 30 j |
| **Durée moyenne du crédit fournisseurs :** $\frac{\text{Dettes fournisseurs}}{\text{Consommations en provenance des tiers TTC}} \times 360$ j | $\frac{46\,000}{275\,449} \times 360$ j = 60 j | 60 j |

***La durée moyenne de stockage*** est meilleure que celle du secteur. La gestion des stocks de l'entreprise est donc satisfaisante.

***La durée moyenne du crédit clients*** est plus longue de 6 jours par rapport à celle du secteur. L'entreprise doit veiller à améliorer ce ratio en recherchant les causes de cet écart défavorable (délai de facturation, politique de relance clients…).

***La durée moyenne du crédit fournisseurs*** correspond à celle du secteur. La gestion des approvisionnement est bien maîtrisée.

# PARTIE 4

# *L'analyse patrimoniale de la structure financière*

# Le bilan financier

Chapitre **13**

## 1 Généralités

L'analyse financière ou patrimoniale de l'entreprise repose sur l'étude de sa ***solvabilité***, c'est-à-dire sa capacité à ***couvrir ses dettes exigibles*** à l'aide de ***ses actifs liquides***.

Le bilan comptable est l'outil de base pour analyser la structure financière de l'entreprise. Cependant, il est nécessaire de ***retraiter*** les éléments constitutifs du bilan comptable pour permettre :

**Une analyse de la liquidité du bilan et de la solvabilité de l'entreprise**

↓

Les postes du bilan sont classés en ***masses homogènes*** d'après leur degré de liquidité et d'exigibilité.

↓

**Bilan financier**

Le rôle du bilan financier est :

- **De présenter** → ***le patrimoine réel*** de l'entreprise : les postes du bilan financier sont évalués, si possible, à leur valeur vénale.
- **De déterminer** → ***l'équilibre financier***, en comparant les différentes masses du bilan classées selon leur degré de liquidité ou d'exigibilité et en observant le degré de couverture du passif exigible par les actifs liquides.
- **D'évaluer** → ***la liquidité du bilan*** : capacité de l'entreprise à faire face à ses dettes à moins d'un an à l'aide de son actif circulant à moins d'un an.

**D'estimer** → *la solvabilité de l'entreprise* : l'actif est-il suffisant pour couvrir toutes les dettes ?

**De permettre** → *la prise de décision*.

Le bilan financier intéresse particulièrement tous ceux qui sont attentifs au ***degré de solvabilité*** de l'entreprise, au premier rang desquels se trouvent les créanciers.

## 2 La structure du bilan financier

Le bilan financier s'établit à partir du bilan comptable ***après affectation du résultat***. Toutefois certaines ***corrections*** doivent être effectuées de manière à classer les éléments de l'actif et du passif en ***quatre masses homogènes*** significatives.

### A – Les masses

L'entreprise possède des ***actifs*** dont le délai de transformation en ***monnaie*** est plus ou moins long :

- → actif à plus d'un an
- → actif à moins d'un an

} biens et créances.

Ces actifs servent à faire face aux ***passifs*** plus ou moins ***exigibles*** :

- → actif à plus d'un an ⇒ capitaux propres et dettes ;
- → actif à moins d'un an ⇒ dettes.

Les postes de l'actif sont évalués à leur ***valeur actuelle nette***.

Le passif à plus d'un an comprend :

– les capitaux propres représentant la ***valeur patrimoniale*** de l'entreprise ou l'***actif net*** ;

– les dettes exigibles à plus d'un an.

Classement par ordre de *liquidité* croissante.

| Actif ou Emplois | Passif ou Ressources |
|---|---|
| **Actif réel net à plus d'un an**<br>• Actif immobilisé net<br>• Actif circulant à plus d'un an<br>• Charges constatées d'avance à plus d'un an | **Passif réel à plus d'un an**<br>• Capitaux propres<br>• Provisions à plus d'un an<br>• Dettes à plus d'un an<br>• Produits constatés d'avance à plus d'un an |
| **Actif réel net à moins d'un an**<br>• Stocks et en-cours<br>• Créances à moins d'un an<br>• Disponibilités<br>+<br>Valeurs mobilières de placement | **Passif réel à moins d'un an**<br>• Dettes financières à moins d'un an<br>• Dettes non financières à moins d'un an<br>• Provisions à moins d'un an |

Classement par ordre d'*exigibilité* croissante.

Le bilan financier peut être présenté sous la forme d'un ***graphique*** ; les masses sont alors exprimées en ***pourcentages***. Cette représentation en facilite la visualisation et permet une ***comparaison rapide*** de plusieurs bilans financiers.

## *B – Les retraitements*

Le bilan comptable subit plusieurs retraitements afin d'établir le bilan financier :

① **Reclasser** ⟶ les créances et les dettes selon leur échéance.

② **Intégrer** ⟶ des éléments hors bilan :
- ***les plus ou moins-values latentes*** pour déterminer la valeur vénale des postes concernés ;
- ***les effets escomptés non échus*** : effets de commerce remis en banque avant la date d'échéance ;
- ***les impôts latents*** relatifs aux subventions d'investissement et aux provisions réglementées.

③ **Éliminer** ⟶ certains postes du bilan comptable dont la valeur vénale est nulle et considérés comme de l'actif fictif :
- frais d'établissement ;
- fonds commercial ;
- primes de remboursement des emprunts ;
- charges à répartir sur plusieurs exercices.

**À NOTER** • Les charges à répartir sur plusieurs exercices ne concernent que les frais d'émission d'emprunt (commissions bancaires, frais de publicité légale…).

## C – La présentation du bilan financier après retraitements

La construction du bilan financier est facilitée par :

– les informations figurant au pied du bilan ;

– l'état des échéances des créances et des dettes à la clôture de l'exercice (article 832-5 du Plan comptable général).

| **Actif**<br>**(degré de liquidité)** | **Passif**<br>**(degré d'exigibilité)** |
|---|---|
| **Actif à plus d'un an** | **Passif à plus d'un an** |
| • **Actif immobilisé net (Total I au bilan)**<br>+ Plus-values latentes<br>+ Part de l'actif circulant net à plus d'un an (stock outil, créances…)<br>+ Charges constatées d'avance à plus d'un an<br>– Moins-values latentes<br>– Part de l'actif immobilisé net à moins d'un an<br>– Capital souscrit – non appelé | • **Capitaux propres (Total I au bilan)**<br>+ Plus-values latentes<br>+ Comptes courants bloqués<br>+ Écart de conversion – Passif<br>– Part d'écart de conversion actif non couverte par une provision<br>– Impôt latent sur subventions d'investissement et provisions réglementées<br>– Actif fictif net<br>– Moins-values latentes |
| Postes constituant l'actif fictif net à éliminer :<br>Frais d'établissement<br>Fonds commercial<br>Primes de remboursement des obligations<br>Charges à répartir | • **Dettes à plus d'un an**<br>+ Provisions à plus d'un an<br>+ Impôt latent à plus d'un an sur subventions d'investissement et provisions réglementées<br>+ Produits constatés d'avance à plus d'un an |
| **Actif à moins d'un an** | **Passif à moins d'un an** |
| • **Actif circulant net**<br>– Part de l'actif circulant net à plus d'un an<br>+ Charges constatées d'avance à moins d'un an<br>+ Part de l'actif immobilisé à moins d'un an<br>+ Effets escomptés non échus<br>+ Capital souscrit – non appelé<br>+ Part d'écart de conversion actif couverte par une provision | • **Dettes fournisseurs, sociales, fiscales, diverses**<br>+ Dettes financières à moins d'un an<br>+ Provisions à moins d'un an<br>+ Impôt latent à moins d'un an sur subventions d'investissement et provisions réglementées<br>+ Effets escomptés non échus<br>+ Produits constatés d'avance à moins d'un an |

**Exemple**

La balance par solde après inventaire (exercice N) de l'entreprise Loc se présente comme suit :

| N° | Intitulés des comptes | Soldes | |
|---|---|---|---|
| | | Débit | Crédit |
| 101 | Capital | | 3 000 000 |
| 106 | Réserves | | 2 800 000 |
| 110 | Report à nouveau | | 25 000 |
| 120 | Résultat de l'exercice | ? | ? |
| 151 | Provisions pour risques | | 42 000 |
| 164 | Emprunts auprès des établissements de crédit[1] | | 1 200 000 |
| 201 | Frais d'établissement | 90 000 | |
| 211 | Terrains | 430 000 | |
| 213 | Constructions | 2 970 000 | |
| 2182 | Matériel de transport | 148 000 | |
| 2183 | Matériel de bureau et matériel informatique | 195 000 | |
| 2184 | Mobilier | 184 000 | |
| 274 | Prêt[2] | 15 000 | |
| 275 | Dépôts et cautionnements versés | 6 000 | |
| 2801 | Amortissements des frais d'établissement | | 60 000 |
| 2813 | Amortissements des constructions | | 788 000 |
| 28182 | Amortissements du matériel de transport | | 22 200 |
| 28183 | Amortissements du matériel de bureau et matériel informatique | | 58 500 |
| 28184 | Amortissements du mobilier | | 83 600 |
| 370 | Stocks de marchandises | 482 000 | |
| 401 | Fournisseurs | | 1 984 000 |
| 403 | Fournisseurs – Effets à payer | | 1 163 000 |
| 404 | Fournisseurs d'immobilisations | | 73 500 |
| 408 | Fournisseurs – Factures non parvenues | | 9 270 |
| 411 | Clients[3] | 3 109 800 | |
| 413 | Clients – Effets à recevoir | 845 000 | |
| 4181 | Clients – Factures à établir | 6 340 | |
| 444 | État – Impôts sur les bénéfices | 554 000 | |
| 44551 | TVA à décaisser | | 526 340 |
| 486 | Charges constatées d'avance | 16 920 | |
| 487 | Produits constatés d'avance | | 4 040 |
| 491 | Dépréciations des comptes clients | | 62 500 |
| 503 | Actions | 80 470 | |
| 512 | Banques | 3 134 680 | |
| 531 | Caisse | 2 178 | |
| | Total | ? | ? |

(1) dont à moins d'un an : 72 980 €

(2) dont à moins d'un an : 10 000 €

(3) dont à plus d'un an : 48 900 €

Vous disposez, en outre, des informations complémentaires suivantes :

| | |
|---|---|
| – les effets escomptés non échus | 282 000 € |
| – le terrain a une valeur réelle nette de | 520 000 € |
| – les constructions ont une valeur réelle nette de | 2 810 000 € |
| – les résultats à distribuer aux associés sont estimés à | 220 000 € |

*Déterminer le résultat de l'exercice.*

*Effectuer les retraitements.*

*Présenter le bilan financier condensé.*

*Représenter le bilan financier à l'aide d'un diagramme à barres.*

***Détermination du résultat*** de l'exercice :

| Total soldes débiteurs | – | Total soldes créditeurs | = | Résultat |
|---|---|---|---|---|
| 12 269 388 | – | 11 901 950 | = | 367 438 |

***Le calcul des retraitements*** est le suivant :

– actif réel net à plus d'un an :

| | | |
|---|---|---|
| Actif immobilisé réel net diminué de l'actif fictif et des immobilisations financières à moins d'un an :<br>520 000 + 2 810 000 + (148 000 – 22 200) + (195 000 – 58 500) + (184 000 – 83 600) + (15 000 – 10 000) + 6 000 | : | 3 703 700 |
| Actif circulant à plus d'un an | : | 48 900 |
| | | 3 752 600 |

– actif réel net à moins d'un an :

| | | |
|---|---|---|
| Stocks et en-cours nets | : | 482 000 |
| Créances nettes à moins d'un an<br>(3 109 800 – 62 500 – 48 900) + 845 000 + 6 340 + 554 000 | : | 4 403 740 |
| Effets escomptés non échus | : | 282 000 |
| Immobilisations financières à moins d'un an | : | 10 000 |
| Charges constatées d'avance à moins d'un an | : | 16 920 |
| Disponibilités + valeurs mobilières de placement<br>3 134 680 + 2 178 + 80 470 | : | 3 217 328 |
| | | 8 411 988 |

– passif réel à plus d'un an :

| | | |
|---|---|---|
| Capitaux propres diminués de l'actif fictif ± values latentes | : | 6 660 438 |
| 3 000 000 + 2 800 000 + 25 000 + (367 438 – 220 000) – (90 000 – 60 000)* + (90 000 + 628 000)** | | |
| Dettes à plus d'un an | : | 1 127 020 |
| 1 200 000 – 72 980 | | |
| Provisions pour risques | : | 42 000 |
| | | 7 829 458 |

* Frais d'établissement

** Plus-values latentes

– dettes à moins d'un an :

| | | |
|---|---|---|
| Dettes financières à moins d'un an | : | 72 980 |
| Résultat distribué | : | 220 000 |
| Dettes à moins d'un an | : | 3 756 110 |
| 1 984 000 + 1 163 000 + 73 500 + 9 270 + 526 340 | | |
| Produits constatés d'avance | : | 4 040 |
| Effets escomptés non échus | : | 282 000 |
| | | 4 335 130 |

*Le bilan condensé* se présente comme suit :

| **Actif réel net à plus d'un an** | **3 752 600** | **Passif réel à plus d'un an** | **7 829 458** |
|---|---|---|---|
| • Actif immobilisé net | 3 703 700 | • Capitaux propres | 6 660 438 |
| • Actif circulant à plus d'un an | 48 900 | • Dettes à plus d'un an | 1 127 020 |
| | | • Provisions | 42 000 |
| **Actif réel net à moins d'un an** | **8 411 988** | **Passif réel à moins d'un an** | **4 335 130** |
| • Stocks et en-cours | 482 000 | • Dettes financières | 72 980 |
| • Créances à moins d'un an | 4 695 740 | • Dettes non financières | 4 258 110 |
| • Disponibilités + VMP | 3 217 328 | • Comptes de régularisation | 4 040 |
| • Comptes de régularisation | 16 920 | | |
| Totaux | 12 164 588 | Totaux | 12 164 588 |

La présentation du ***diagramme en barres*** est la suivante :

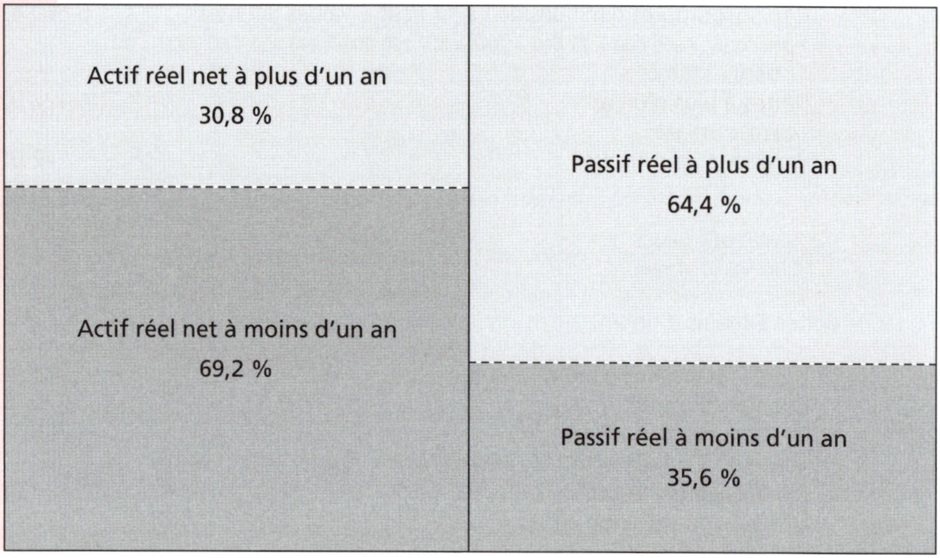

# Le fonds de roulement financier et les ratios

Chapitre **14**

## 1 Le fonds de roulement financier (FRF)

### A – Définition

Le fonds de roulement financier permet d'apprécier ***l'équilibre financier*** de l'entreprise ; il est un indicateur de sa solvabilité et de son risque de cessation de paiements.

Le fonds de roulement financier représente une ***marge*** de sécurité financière pour l'entreprise et une ***garantie*** de remboursement des dettes à moins d'un an pour les créanciers.

### B – Le calcul du fonds de roulement financier

Le fonds de roulement financier s'obtient par différence entre ***deux masses*** du bilan financier.

Il est déterminé de deux façons :

**Par le haut du bilan**

Passif réel à plus d'un an
–
Actif réel net à plus d'un an

Cette méthode permet d'apprécier ***le mode de financement*** des actifs à plus d'un an.

**Par le bas du bilan**

Actif réel net à moins d'un an
–
Passif réel à moins d'un an

Cette méthode permet de calculer la ***capacité*** de l'entreprise ***à couvrir*** ses dettes à court terme.

Le fonds de roulement financier est mis en évidence par la représentation ***graphique*** du bilan financier :

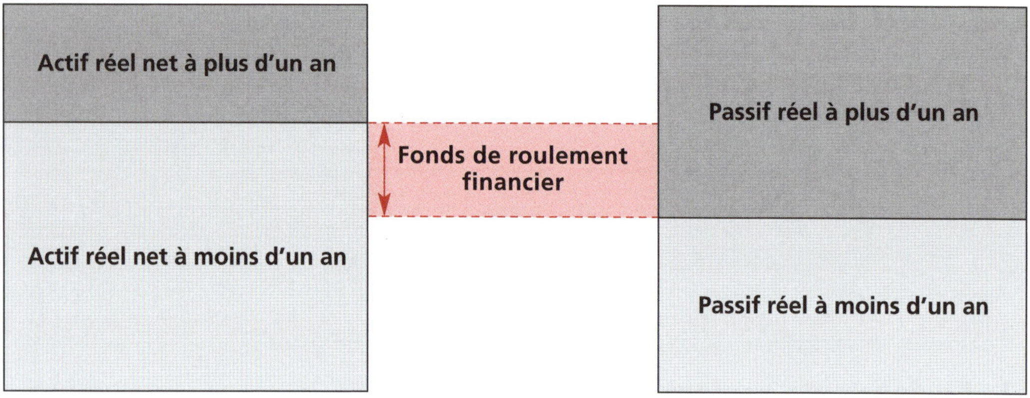


Deux situations peuvent se présenter :

**Fonds de roulement financier positif**

↓

L'équilibre financier est respecté, l'entreprise est, en principe, ***solvable***.

**Fonds de roulement financier négatif**

↓

L'équilibre financier n'est pas respecté, des risques d'***insolvabilité*** sont probables.

Toutefois, pour certaines entreprises, notamment celles du secteur de la grande distribution, la pertinence de la notion de fonds de roulement financier peut être mis en doute pour apprécier la solvabilité de l'entreprise. En effet, il est fréquent de constater pour ce type d'entreprise une situation financière saine malgré un fonds de roulement financier négatif dû à des actifs à court terme réduits.

## 2 Les ratios

L'étude de la liquidité et de la solvabilité de l'entreprise est complétée par ***plusieurs ratios*** calculés à partir du bilan financier. Ces ratios doivent être calculés sur ***plusieurs exercices*** afin d'apprécier leur ***évolution*** dans le temps et dans l'espace.

### A – La liquidité

Il s'agit de savoir dans quelle mesure la vente des stocks et l'encaissement des créances à moins d'un an permettent de ***payer les dettes à moins d'un an***.

On distingue ***trois ratios*** pour analyser la liquidité du bilan.

### 1) Le ratio de liquidité générale

Ce ratio rejoint la notion de fonds de roulement financier ; il doit être ***supérieur à 1*** pour traduire un fonds de roulement financier positif :

$$\frac{\text{Actif réel net à moins d'un an}}{\text{Dettes à moins d'un an}} = > 1$$

### 2) Le ratio de liquidité restreinte

Ce ratio mesure la capacité de l'entreprise à payer ses dettes à court terme à l'aide de l'encaissement des créances et de la trésorerie disponible. Il doit être ***proche de 1*** :

$$\frac{\text{Créances à moins d'un an + Disponibilités}}{\text{Dettes à moins d'un an}}$$

Toutefois, lorsque ce ratio est sensiblement inférieur à 1, il peut traduire non pas des difficultés financières mais au contraire une gestion de trésorerie proche de zéro.

### 3) Le ratio de liquidité immédiate

Ce ratio mesure la capacité de l'entreprise à payer ses dettes à court terme en utilisant ses disponibilités :

$$\frac{\text{Disponibilités}}{\text{Dettes à moins d'un an}}$$

Il est devenu ***peu significatif*** en raison des découverts bancaires accordés aux entreprises et de la gestion de trésorerie proche de zéro.

## *B – La solvabilité*

En cas de ***liquidation*** par manque de liquidités, l'entreprise ***reste solvable*** dans la mesure où l'actif réel net permet de couvrir l'ensemble des dettes.
Deux ratios permettent d'analyser la solvabilité de l'entreprise.

### 1) Le ratio d'autonomie financière

Ce ratio mesure la capacité de l'entreprise à s'endetter :

$$\frac{\text{Capitaux propres}}{\text{Total des dettes}}$$

Plus ce ratio est ***élevé***, moins l'entreprise est endettée. En principe, les capitaux propres doivent couvrir au minimum un tiers des dettes.

## 2) Le ratio de solvabilité générale

Ce ratio mesure la capacité de l'entreprise à payer l'ensemble de ses dettes en utilisant ses actifs :

$$\frac{\text{Total actif}}{\text{Total des dettes}}$$

Il doit être ***supérieur à 1***.

**Face à un contexte économique difficile**

*Dans la situation d'une reprise économique fragile, il est crucial pour l'entreprise d'anticiper et d'évaluer ses risques d'illiquidité et d'insolvabilité. Pour cela, il est nécessaire notamment :*

- *de suivre l'évolution de la trésorerie au jour le jour ;*
- *d'évaluer les besoins prévisionnels de trésorerie ;*
- *d'analyser la solvabilité des clients et des fournisseurs ;*
- *de négocier les allongements des délais de règlement ;*
- *d'établir une relation de confiance avec sa banque fondée sur une information financière transparente et maîtrisée ;*
- *...*

### Exemple

Les masses du bilan financier de l'entreprise Chazot sont les suivantes :

| | | | |
|---|---|---|---|
| Actif à plus d'un an | 6 480 | Passif à plus d'un an[1] | 7 220 |
| Actif à moins d'un an | 5 320 | Passif à moins d'un an | 4 580 |
| | 11 800 | | 11 800 |

(1) dont capitaux propres : 4 332 €

Les ratios de liquidité, d'autonomie financière et de solvabilité générale des deux exercices précédents sont les suivants :

| Ratios | N – 2 | N – 1 |
|---|---|---|
| Ratio de liquidité générale | 1,86 | 1,35 |
| Ratio d'autonomie financière | 0,60 | 0,48 |
| Ratio de solvabilité générale | 2,37 | 1,95 |

*Déterminer le fonds de roulement financier.*

*Calculer les ratios de liquidité générale, d'autonomie financière et de solvabilité générale.*

*Commenter l'évolution des ratios.*

*Fonds de roulement financier* :

| | | | | |
|---|---|---|---|---|
| Passif à plus d'un an | – | Actif à plus d'un an | | |
| 7 220 | – | 6 480 | = | 740 € |
| Actif à moins d'un an | – | Passif à moins d'un an | | |
| 5 320 | – | 4 580 | = | 740 € |

*Ratio de liquidité générale* :

$$\frac{5\,320}{4\,580} = 1,16$$

*Ratio d'autonomie financière* :

$$\frac{4\,332}{(11\,800 - 4\,332)} = 0,58$$

*Ratio de solvabilité générale* :

$$\frac{11\,800}{(11\,800 - 4\,332)} = 1,58$$

On constate une dégradation de la situation financière de l'entreprise.

La capacité d'endettement de l'entreprise se restreint sensiblement ; cependant, le fonds de roulement financier reste positif.

## 3 Le fonds de roulement net global et le fonds de roulement financier

Le fonds de roulement net global et le fonds de roulement financier répondent à des préoccupations ***différentes*** ; leurs analyses peuvent même être ***contradictoires***. Il ne faut surtout pas les confondre.

Par exemple, une diminution du crédit clients a un effet positif sur le fonds de roulement net global puisqu'il entraîne une diminution du besoin en fonds de roulement ; alors que l'effet sera négatif sur le fonds de roulement financier.

# Synthèse corrigée sur l'analyse financière du bilan

Chapitre **15**

## 1 Énoncé

Le bilan de l'entreprise Casanis des bois se résume ainsi pour le dernier exercice :

| ACTIF | Exercice N | | |
|---|---|---|---|
| | **Brut** | **Amortissements Dépréciations à déduire** | **Net** |
| ACTIF IMMOBILISÉ | | | |
| Immobilisations incorporelles[1] | 20 000 | 4 000 | 16 000 |
| Immobilisations corporelles | 180 000 | 52 000 | 128 000 |
| **TOTAL I** | 200 000 | 56 000 | 144 000 |
| ACTIF CIRCULANT | | | |
| Stocks | 92 000 | 4 000 | 88 000 |
| Créances clients et comptes rattachés | 66 000 | 2 000 | 64 000 |
| Autres créances[2] | 8 000 | | 8 000 |
| Disponibilités | 36 000 | | 36 000 |
| **TOTAL II** | 202 000 | 6 000 | 196 000 |
| **TOTAL GÉNÉRAL** | 402 000 | 62 000 | 340 000 |

(1) frais d'établissement.

(2) dont à plus d'un an : 14 000 €

Les effets escomptés non échus s'élèvent à 9 400 €.

| PASSIF | Exercice N |
|---|---|
| CAPITAUX PROPRES | |
| Capital | 100 000 |
| Réserves | 44 000 |
| Résultat de l'exercice (a) | 46 000 |
| **TOTAL I** | 190 000 |
| DETTES (1) | |
| Emprunts et dettes auprès des établissements de crédit (2) (b) | 84 000 |
| Dettes fournisseurs et comptes rattachés (c) | 46 000 |
| Dettes fiscales et sociales[2] | 14 000 |
| Dettes sur immobilisations | 4 200 |
| Autres dettes | 1 800 |
| **TOTAL II** | 150 000 |
| **TOTAL GÉNÉRAL** | 340 000 |

| | |
|---|---|
| (1) Dont à plus d'un an | 65 000 |
| Dont à moins d'un an | 85 000 |
| (2) Dont concours bancaires courants et soldes créditeurs de banques | 8 000 |

*(a) Distribution de dividendes : 20 000 €*
*Le reste est porté en réserves.*
*(b) 16 000 € à – 1 an d'après l'état des échéances.*
*(c) 5 000 € à + 1 an d'après l'état des échéances.*

***1) Présenter le bilan financier.***

***2) Calculer le fonds de roulement financier.***

***3) Calculer les ratios de liquidité générale, restreinte et de solvabilité.***

## 2 Corrigé

### 1) Le bilan financier

Retraitements

Actif réel net à plus d'un an :

| | |
|---|---|
| Actif immobilisé net | 128 000 |
| + Actif circulant à plus d'un an | 14 000 |
| | 142 000 |

Actif réel net à moins d'un an :

| | |
|---|---|
| Stocks et en-cours | 88 000 |
| + Créances à moins d'un an<br>64 000 + 8 000 + 9 400 – 14 000 | 67 400 |
| + Disponibilités | 36 000 |
| | 191 400 |

Passif réel à plus d'un an :

| | |
|---|---|
| Capitaux propres<br>190 000 – 20 000 – 16 000 | 154 000 |
| + Dettes à plus d'un an | 65 000 |
| | 219 000 |

Dettes réelles à moins d'un an :

| | |
|---|---|
| Dettes financières<br>16 000 + 8 000 | 24 000 |
| + Dettes non financières<br>20 000 + 46 000 – 5 000 + 14 000 + 4 200 + 1 800 + 9 400 | 90 400 |
| | 114 400 |

Bilan financier

| **Actif réel net à plus d'un an** | **142 000** | **Passif réel à plus d'un an** | **219 000** |
|---|---|---|---|
| • Actif immobilisé net<br>• Actif circulant à plus d'un an | 128 000<br>14 000 | • Capitaux propres<br>• Dettes à plus d'un an | 154 000<br>65 000 |
| **Actif réel net à moins d'un an** | **191 400** | **Passif réel à moins d'un an** | **114 400** |
| • Stocks et en-cours<br>• Créances à moins d'un an<br>• Disponibilités | 88 000<br>67 400<br>36 000 | • Dettes financières<br>• Dettes non financières | 24 000<br>90 400 |
| Totaux | 333 400 | Totaux | 333 400 |

## 2) Le fonds de roulement financier

Passif réel à plus d'un an – Actif réel net à plus d'un an

219 000 – 142 000 = 77 000

Actif réel net à moins d'un an – Passif réel à moins d'un an

191 400 – 114 400 = 77 000

## 3) Les ratios de liquidité et de solvabilité

Le ratio de liquidité générale :

$$\frac{191\,400}{114\,400} = 1{,}67$$ → L'actif réel net à moins d'un an couvre les dettes à court terme.

Le ratio de liquidité restreinte :

$$\frac{67\,400 + 36\,000}{114\,400} = 0{,}90$$ → Les créances et les disponibilités ne couvrent pas les dettes à court terme.

La comparaison entre les deux ratios

Il faut compter sur l'écoulement des stocks pour minimiser le risque de cessation de paiements.

Le ratio de solvabilité générale :

$$\frac{333\,400}{(114\,400 + 65\,000)} = 1{,}86$$ → L'entreprise est solvable.

Le ratio d'autonomie financière :

$$\frac{154\,000}{(65\,000 + 114\,400)} = 0{,}86$$ → Les ressources propres représentent 86 % des dettes, ce qui est très satisfaisant.

# PARTIE 5

# *Les ratios*

# Les ratios

Chapitre **16**

## 1 Définition

Un ratio est un ***rapport entre deux grandeurs*** significatives (masses du bilan, du compte de résultat, indicateurs de gestion…) ayant pour objectif de fournir des informations ***utiles*** et ***complémentaires*** aux données utilisées pour son calcul.

Les ratios sont des outils de ***mesure*** et de ***contrôle*** de l'***évolution*** dans le temps et dans l'espace d'un phénomène étudié en analyse financière.

Pour être révélateurs, les ratios ne doivent pas être analysés individuellement, mais en ***batterie***. L'étude des ratios permet :

**De suivre et de mesurer** → l'évolution des performances économiques et financières ainsi que des structures de l'entreprise dans le temps ; le risque de défaillance ;

**D'effectuer** → des comparaisons
- → interentreprises de secteurs d'activité identiques ;
- → par rapport aux usages de la profession.

**De se référer** → à des ratios *standards*.

En analyse financière, les ratios sont classés généralement en trois groupes :

| Les ratios de structure | Les ratios d'activité | Les ratios de rentabilité |
|---|---|---|
| Ils mettent en rapport les données du bilan afin d'apprécier les équilibres financiers. | Ils mettent en rapport des postes du bilan et des postes du compte de résultat pour analyser l'évolution de l'activité de l'entreprise. | Ils mettent en rapport les résultats, le chiffre d'affaires, les capitaux afin de mesurer les rentabilité économique et financière de l'entreprise. |

En outre, pour mener à bien l'analyse des ratios d'une entreprise, il faut tenir compte :

– de sa nature juridique ;

– de sa taille ;
– de son vécu ;
– de ses ressources humaines (dirigeants, associés, personnel).

À NOTER • Les ratios peuvent s'exprimer en pourcentage ou en valeur absolue • Les valeurs du numérateur et du dénominateur de chaque ratio doivent être homogènes • Ne soyez pas catégorique dans l'interprétation d'un ratio, avant d'avoir fait la synthèse de l'ensemble des ratios.

## 2 Les ratios

La liste des principaux ratios est présentée ci-après, selon la classification proposée :

### *A – Les ratios de structure*

| Nature | Formule | Interprétations |
|---|---|---|
| Financement des emplois stables | $\frac{\text{Ressources stables}}{\text{Emplois stables}}$ | Il mesure la couverture des emplois stables par les ressources stables. |
| Autonomie financière | $\frac{\text{Capitaux propres}}{\text{Total des dettes}}$ | Il mesure la capacité de l'entreprise à s'endetter. |
| Capacité de remboursement | $\frac{\text{Dettes financières}}{\text{Capacité d'autofinancement}}$ | L'endettement ne doit pas excéder 3 ou 4 fois la capacité d'autofinancement. |
| Autofinancement | $\frac{\text{Autofinancement}}{\text{Valeur ajoutée}}$ | Il mesure la part de valeur ajoutée consacrée à l'autofinancement. |
| Couverture de l'actif circulant par le FRNG | $\frac{\text{Fonds de roulement net global}}{\text{Actif circulant}}$ | Il indique la part du fonds de roulement net global qui finance l'actif circulant. |
| Évolution du FRNG | $\frac{\text{Fonds de roulement net global}}{\text{Chiffre d'affaires hors taxes}} \times 360 \text{ j}$ | Il mesure l'importance du besoin en fonds de roulement d'exploitation en nombre de jours de CA. |
| Évolution du BFRE | $\frac{\text{Besoin en fonds de roulement d'exploitation}}{\text{Chiffre d'affaires hors taxes}} \times 360 \text{ j}$ | Il mesure l'importance du besoin en fonds de roulement d'exploitation en nombre de jours de CA. |

| Nature | Formule | Interprétations |
|---|---|---|
| **Solvabilité générale** | $\frac{\text{Total actif}}{\text{(Dettes à plus d'un an) + (Dettes à moins d'un an)}}$ | Il mesure la capacité de l'entreprise à payer l'ensemble de ses dettes en utilisant l'ensemble de l'actif. |
| **Liquidité générale** | $\frac{\text{Actif réel net à moins d'un an}}{\text{Passif réel à moins d'un an}}$ | Il mesure la capacité de l'entreprise à payer ses dettes à court terme en utilisant ses actifs à court terme. |
| **Liquidité restreinte** | $\frac{\text{Créances à moins d'un an + Disponibilités}}{\text{Passif réel à moins d'un an}}$ | Il mesure la capacité de l'entreprise à payer ses dettes à court terme en utilisant les créances et les disponibilités. |
| **Liquidité immédiate** | $\frac{\text{Disponibilités}}{\text{Passif réel à moins d'un an}}$ | Il mesure la capacité de l'entreprise à payer ses dettes à court terme en utilisant les disponibilités. |
| **Endettement** | $\frac{\text{Dettes financières}}{\text{Capitaux propres}}$ | Il mesure le niveau d'endettement par rapport aux fonds propre. Il doit se situer entre 50 % et 66 %. |
| **Structure financière** | $\frac{\text{Capital engagé par l'exploitation*}}{\text{Capitaux propres}}$<br>* Capitaux propres + Dettes financières | Il mesure le niveau d'endettement de l'entreprise. |

## *B – Les ratios d'activité*

| Nature | Formule | Interprétations |
|---|---|---|
| **Taux de croissance du CA HT** | $\frac{CA_n - CA_{n-1}}{CA_{n-1}}$ | L'évolution du CA permet de mesurer le taux de croissance de l'entreprise. |
| **Taux de marge commerciale** | $\frac{\text{Marge commerciale}}{\text{Ventes de marchandises hors taxes}}$ | Il mesure l'évolution de la performance de l'activité commerciale de l'entreprise. |

| Nature | Formule | Interprétations |
|---|---|---|
| Taux de croissance de la valeur ajoutée | $\frac{VA_n - VA_{n-1}}{VA_{n-1}}$ | L'évolution de la valeur ajoutée est également un indicateur de croissance. |
| Taux d'intégration | $\frac{\text{Valeur ajoutée}}{\text{Chiffre d'affaires hors taxes}}$ | Il mesure le taux d'intégration de l'entreprise dans le processus de production ainsi que le poids des charges externes. |
| Productivité du personnel | $\frac{\text{Valeur ajoutée}}{\text{Effectif}}$ | Il mesure la part de richesse créée par chaque salarié ; il permet d'apprécier le niveau de compétitivité de l'entreprise. |
| Rendement de l'équipement | $\frac{\text{Valeur ajoutée}}{\text{Équipement de production}}$ | Il mesure la part de richesse créée par euro investi ; il indique le degré de performance de l'équipement. |
| Part de valeur ajoutée revenant au personnel (facteur travail) | $\frac{\text{Charges de personnel}}{\text{Valeur ajoutée}}$ | Il mesure la part de richesse qui sert à rémunérer le travail des salariés. Il permet d'apprécier la politique salariale de l'entreprise. |
| Part de valeur ajoutée revenant aux prêteurs | $\frac{\text{Charges financières (Intérêts)}}{\text{Valeur ajoutée}}$ | Il mesure la part de valeur ajoutée consacrée à la rémunération des prêteurs ; il indique le degré d'endettement de l'entreprise. |
| Part de valeur ajoutée revenant aux associés | $\frac{\text{Dividendes + Intérêts des comptes courants}}{\text{Valeur ajoutée}}$ | Il mesure la part de valeur ajoutée consacrée à la rémunération des apporteurs de capitaux. |
| Part de valeur ajoutée revenant à l'entreprise | $\frac{\text{Autofinancement}}{\text{Valeur ajoutée}}$ | Il mesure la part de valeur ajoutée qui reste à l'entreprise pour renouveler ou accroître ses investissements, rembourser ses emprunts et s'assurer une sécurité financière. |
| Part de valeur ajoutée consacrée au facteur capital | $\frac{\text{Excédent brut d'exploitation}}{\text{Valeur ajoutée}}$ | Il mesure la part de richesse qui sert à rémunérer les apporteurs de capitaux et à renouveler le capital investi. |

| Nature | Formule | Interprétations |
|---|---|---|
| **Poids de l'endettement** | $\frac{\text{Charges d'intérêts}}{\text{Excédent brut d'exploitation}}$ | Il mesure le poids de l'endettement de l'entreprise et donc sa vulnérabilité. |
| **Rotation des stocks (entreprise commerciale)** | $\frac{\text{Stock moyen de marchandises}}{\text{Coût d'achat des marchandises vendues}} \times 360 \text{ j}$ | Il mesure la durée d'écoulement des stocks. Une augmentation de cette durée entraîne une augmentation du BFRE. |
| **Rotation des stocks (entreprise industrielle)** | $\frac{\text{Stock moyen de matières premières}}{\text{Coût d'achat des matières premières consommées}} \times 360 \text{ j}$<br>$\frac{\text{Stock moyen de produits finis}}{\text{Coût de production des produits vendus}} \times 360 \text{ j}$ | Il mesure la durée d'écoulement des stocks. Une augmentation de cette durée entraîne une augmentation du BFRE. |
| **Durée moyenne du crédit clients*** | $\frac{\text{Créances clients et comptes rattachés + en-cours d'escompte}}{\text{Chiffre d'affaires TTC}} \times 360 \text{ j}$<br>* Délai de paiement légal maximal : 60 jours à partir de la date d'émission de la facture, sauf accord convenu entre les parties pour un délai maximal de 45 jours fin de mois | Il mesure la durée moyenne en jours du crédit consenti par l'entreprise à ses clients.<br>Si ce ratio est supérieur à la norme du secteur, il peut traduire une inefficacité dans le recouvrement des créances.<br>Si ce ratio est inférieur à la norme du secteur, il peut signifier que l'entreprise mène une politique de crédit clients restrictive par rapport à ses concurrents au risque de perdre des clients. |
| **Durée moyenne du crédit fournisseurs*** | $\frac{\text{Dettes fournisseurs et comptes rattachés}}{\text{Consommations en provenance des tiers TTC}} \times 360 \text{ j}$<br>* Délai de paiement légal maximal : 60 jours à partir de la date d'émission de la facture, sauf accord convenu entre les parties pour un délai maximal de 45 jours fin de mois | Il mesure la durée moyenne en jours du crédit obtenu par l'entreprise de la part de ses fournisseurs. Il doit être supérieur au ratio du crédit clients.<br>Si ce ratio est supérieur à celui du secteur, cela peut provenir d'une difficulté de l'entreprise à honorer ses échéances.<br>Si ce ratio est inférieur à celui du secteur, l'entreprise doit revoir sa politique de négociation avec ses fournisseurs. |

## C – Les ratios de rentabilité

| Nature | Formule | Interprétations |
|---|---|---|
| Taux de marge brute d'exploitation | Excédent brut d'exploitation / Chiffre d'affaires hors taxes | Il mesure la capacité de l'entreprise à générer une rentabilité à partir du CA indépendamment de sa politique d'investissement et de son mode de financement. |
| Taux de marge nette d'exploitation | Résultat d'exploitation / Chiffre d'affaires hors taxes | Il mesure la capacité de l'entreprise à générer une rentabilité à partir du CA compte tenu de son activité d'exploitation. |
| Taux de marge nette | Résultat de l'exercice / Chiffre d'affaires hors taxes | Il mesure la capacité de l'entreprise à générer un bénéfice net à partir du CA. |
| Taux de rotation du capital investi | Chiffre d'affaires hors taxes / Capital engagé pour l'exploitation (ou actif économique)* | Il mesure la capacité de l'entreprise à générer un CA à partir du capital engagé pour l'exploitation. |
| Taux de rentabilité économique | Excédent brut d'exploitation / Capital engagé pour l'exploitation (ou actif économique)*<br>ou<br>Résultat d'exploitation net d'IS / Capital engagé pour l'exploitation (ou actif économique)*<br>ou<br>Taux de marge nette d'exploitation x Taux de rotation du capital engagé | Il mesure la performance économique de l'entreprise dans l'utilisation de son actif financé par des ressources stables.<br>Selon le secteur d'activité ou les choix de gestion de l'entreprise, la rentabilité économique peut résulter d'un taux de marge nette d'exploitation élevé et d'un taux de rotation du capital engagé faible ou inversement. |
| Taux de rentabilité financière | Résultat net / Capitaux propres<br>ou<br>Taux de marge nette d'exploitation x Taux de rotation du capital engagé x Niveau d'endettement | Il mesure l'aptitude de l'entreprise à rentabiliser les fonds apportés par les associés. |

* Capital engagé pour l'exploitation = Immobilisations pour l'exploitation + BFRE
ou
Capitaux propres + Dettes financières

# Synthèse corrigée sur les ratios

Chapitre 17

## 1 Énoncé

Le directeur financier de la société Doléac vous fournit les documents suivants exprimés en k€ :

| Éléments issus des bilans | Exercice | | |
|---|---|---|---|
| | N – 2 | N – 1 | N |
| Actif immobilisé brut | 8 497 | 10 958 | 14 685 |
| Actif circulant brut | | | |
| – stock et en-cours | | | |
| • matières premières | 1 381 | 2 494 | 1 602 |
| • produits finis | 1 377 | 3 450 | 4 570 |
| – créances clients | 1 330 | 2 601 | 2 351 |
| – disponibilités | 395 | 54 | 95 |
| Capitaux propres (après retraitement) | 4 521 | 6 670 | 10 281 |
| Dettes financières à plus d'un an | 1 657 | 1 865 | 1 900 |
| Dettes cycliques[1] | 6 502 | 10 647 | 10 672 |
| Concours bancaires courants | 300 | 375 | 450 |

(1) dont « comptes Fournisseurs » : 3 647 € ; 6 297 € ; 5 038 €

| Éléments issus des comptes de résultat | Exercice | | |
|---|---|---|---|
| | N – 2 | N – 1 | N |
| Achats de matières premières | 9 835 | 16 579 | 15 457 |
| Variation des stocks | – 412 | – 1 113 | 892 |
| Autres achats et charges externes | 674 | 4 779 | 2 466 |
| Valeur ajoutée | 7 510 | 14 441 | 17 627 |
| Charges de personnel | 4 117 | 10 500 | 11 167 |
| Excédent brut d'exploitation | 2 571 | 2 258 | 5 845 |
| Charges financières | 248 | 280 | 395 |
| Chiffre d'affaires | 17 480 | 32 613 | 35 322 |
| Production stockée | 127 | 2 073 | 1 120 |
| Charges de production | 3 496 | 6 522 | 7 064 |
| Résultat d'exploitation net d'impôt sur les sociétés | 1 620 | 1 310 | 3 091 |
| Bénéfice net | 718 | 579 | 1 690 |

Le taux normal de TVA est appliqué pour l'ensemble de ces opérations, soit 20 %.

La société est soumise au délai de paiement légal (fournisseurs, clients) de 60 jours à compter de la date d'émission de la facture.

***Étudier l'évolution de la situation de l'entreprise en calculant et comparant :***

***1) Les ratios d'activité : rotation des stocks, crédit clients, crédit fournisseurs, productivité, partage de la valeur ajoutée.***

***2) Les ratios de structure du bilan : autonomie financière et financement des emplois stables.***

***3) Les ratios de rentabilité : rentabilité financière, rentabilité économique.***

## 2 Corrigé

### 1) Les ratios d'activité

***Rotation des stocks de matières premières*** :

$$\frac{\text{Stock moyen des matières premières}}{\text{Coût d'achat des matières consommées}} \text{ x 360 j}$$

sachant que :

Stock initial = Stock final ± Variation des stocks

et : Stock moyen = (Stock initial + Stock final) / 2

| Exercice N – 2 | Exercice N – 1 | Exercice N |
|---|---|---|
| $\frac{(969 + 1\ 381) / 2}{(9\ 835 - 412)}$ x 360 j = 45 j | $\frac{(1\ 381 + 2\ 494) / 2}{(16\ 579 - 1\ 113)}$ x 360 j = 45 j | $\frac{(2\ 494 + 1\ 602) / 2}{(15\ 457 + 892)}$ x 360 j = 45 j |

La durée d'écoulement des stocks de matières premières est stable sur les trois exercices.

***Rotation des stocks de produits finis*** :

$$\frac{\text{Stock moyen de produits finis}}{\text{Coût de production des produits vendus}} \text{ x 360 j}$$

sachant que :

Stock initial = Stock final ± Production stockée,

et : Stock moyen = (Stock initial + Stock final) / 2

et que :

$$\text{Coût de production des produits vendus} = \text{Coût d'achat des matières consommées} + \text{Charges de production}$$

| Exercice N – 2 | Exercice N – 1 | Exercice N |
|---|---|---|
| $\frac{(1\,250 + 1\,377)/2}{(9\,423 + 3\,496)} \times 360\text{ j} = 37\text{ j}$ | $\frac{(1\,377 + 3\,450)/2}{(15\,466 + 6\,522)} \times 360\text{ j} = 40\text{ j}$ | $\frac{(3\,450 + 4\,570)/2}{(16\,349 + 7\,064)} \times 360\text{ j} = 62\text{ j}$ |

Le temps d'écoulement des stocks de produits a presque doublé entre N – 1 et N. Cela traduit une mauvaise gestion des stocks de produits.

***Crédit clients*** :

$$\frac{\text{Créances + en-cours d'escompte}}{\text{Chiffre d'affaires toutes taxes comprises}} \times 360\text{ j}$$

sachant que :

Chiffre d'affaires toutes taxes comprises = Chiffre d'affaires hors taxes x 1,20

| Exercice N – 2 | Exercice N – 1 | Exercice N |
|---|---|---|
| $\frac{1\,330}{20\,976} \times 360\text{ j} = 23\text{ j}$ | $\frac{2\,601}{39\,136} \times 360\text{ j} = 24\text{ j}$ | $\frac{2\,351}{42\,386} \times 360\text{ j} = 22\text{ j}$ |

La durée du crédit clients est stable ; ce qui est positif à condition que le ratio ne soit pas inférieur à la norme du secteur.

***Crédit fournisseurs*** :

$$\frac{\text{Fournisseurs et comptes rattachés}}{\text{Consommations en provenance des tiers TTC}} \times 360\text{ j}$$

sachant que :

$$\text{Consommations en provenance des tiers TTC} = \left(\text{Coût d'achat des matières consommées} \times 1{,}20\right) + \left(\text{Autres achats et charges externes} \times 1{,}20\right)$$

| Exercice N – 2 | Exercice N – 1 | Exercice N |
|---|---|---|
| $\frac{3\,647}{(11\,308 + 808)} \times 360\text{ j} = 108\text{ j}$ | $\frac{6\,297}{(18\,559 + 5\,735)} \times 360\text{ j} = 93\text{ j}$ | $\frac{5\,038}{(18\,548 + 2\,959)} \times 360\text{ j} = 84\text{ j}$ |

La durée du crédit fournisseurs se réduit chaque année, mais reste très supérieure au délai de paiement légal. Cela traduit pour l'entreprise des difficultés importantes pour régler ses fournisseurs, donc une situation risquée. On constate, par ailleurs, une trésorerie nette négative pour les exercices N – 1 et N.

***Productivité*** :

$$\frac{\text{Valeur ajoutée}}{\text{Chiffre d'affaires hors taxes}} \times 100$$

| Exercice N – 2 | Exercice N – 1 | Exercice N |
|---|---|---|
| $\frac{7\,510}{17\,480} \times 100 = 42{,}96\ \%$ | $\frac{14\,441}{32\,613} \times 100 = 44{,}28\ \%$ | $\frac{17\,627}{35\,322} \times 100 = 49{,}90\ \%$ |

Le ratio de productivité est en progression ; ceci est dû à une augmentation simultanée de la valeur ajoutée et du chiffre d'affaires.

***Partage de la valeur ajoutée*** :

Facteur travail :

$$\frac{\text{Charges de personnel}}{\text{Valeur ajoutée}} \times 100$$

| Exercice N – 2 | Exercice N – 1 | Exercice N |
|---|---|---|
| $\frac{4\,117}{7\,510} \times 100 = 54{,}82\ \%$ | $\frac{10\,500}{14\,441} \times 100 = 72{,}71\ \%$ | $\frac{11\,167}{17\,627} \times 100 = 63{,}35\ \%$ |

La part de la valeur ajoutée consacrée à la rémunération des salariés a subi une forte hausse entre N – 2 et N – 1.

Facteur capital :

$$\frac{\text{Excédent brut d'exploitation}}{\text{Valeur ajoutée}} \times 100$$

| Exercice N – 2 | Exercice N – 1 | Exercice N |
|---|---|---|
| $\frac{2\,571}{7\,510} \times 100 = 34{,}23\ \%$ | $\frac{1\,258}{14\,441} \times 100 = 15{,}64\ \%$ | $\frac{5\,845}{17\,627} \times 100 = 33{,}16\ \%$ |

La part de la valeur ajoutée qui sert à renouveler les investissements et à rémunérer les prêteurs et les associés a diminué de plus de la moitié entre N – 2 et N – 1. Ceci s'explique par l'analyse du ratio précédent.

On assiste à un redressement de la situation sur l'exercice N bien que la contribution du facteur travail reste prédominante par rapport à la contribution du facteur capital.

## 2) Les ratios de structure

Sachant que :

Total du passif = Capitaux propres + Dettes financières à plus d'un an + Dettes cycliques

*Autonomie financière* :

$$\frac{\text{Capitaux propres}}{\text{Total des dettes}} \times 100$$

| Exercice N – 2 | Exercice N – 1 | Exercice N |
|---|---|---|
| $\frac{4\,521}{8\,459} \times 100 = 53{,}40\ \%$ | $\frac{6\,670}{12\,887} \times 100 = 51{,}80\ \%$ | $\frac{10\,281}{13\,022} \times 100 = 79\ \%$ |

Le ratio d'autonomie financière est correct puisque les capitaux propres représentent plus de la moitié des dettes. On constate une forte amélioration en N due à une augmentation sensible des fonds propres.

*Financement des emplois stables* :

$$\frac{\text{Ressources stables}}{\text{Emplois stables}} \times 100$$

| Exercice N – 2 | Exercice N – 1 | Exercice N |
|---|---|---|
| $\frac{4\,521 + 1\,657}{8\,497} \times 100 = 72{,}70\ \%$ | $\frac{6\,670 + 1\,865}{10\,958} \times 100 = 77{,}90\ \%$ | $\frac{10\,281 + 1\,900}{14\,685} \times 100 = 82{,}90\ \%$ |

Les ressources stables ne couvrent pas les investissements, ce qui amène à constater un fonds de roulement net global négatif et un financement d'une partie des emplois stables par des crédits de trésorerie. Toutefois, la situation s'améliore d'une année à l'autre. L'entreprise doit veiller à renforcer ses ressources stables soit par une augmentation du capital, soit par un emprunt.

## 3) Les ratios de rentabilité

*Rentabilité économique* :

$$\frac{\text{Excédent brut d'exploitation}}{\text{Capital engagé}} \times 100$$

| Exercice N – 2 | Exercice N – 1 | Exercice N |
|---|---|---|
| $\frac{2\,571}{4\,521 + 1\,657} \times 100 = 41{,}60\ \%$ | $\frac{2\,258}{6\,670 + 1\,865} \times 100 = 26{,}50\ \%$ | $\frac{5\,845}{10\,281 + 1\,900} \times 100 = 48\ \%$ |

ou

$$\frac{\text{Résultat d'exploitation net d'impôt sur les sociétés}}{\text{Capital engagé}}$$

| Exercice N – 2 | Exercice N – 1 | Exercice N |
| --- | --- | --- |
| $\frac{1\,620}{4\,521 + 1\,657} \times 100 = 26{,}20\ \%$ | $\frac{1\,310}{6\,670 + 1\,865} \times 100 = 15{,}30\ \%$ | $\frac{3\,091}{10\,281 + 1\,900} \times 100 = 25{,}40\ \%$ |

La rentabilité économique a fortement baissé entre N – 2 et N – 1 du fait d'une augmentation des charges d'exploitation plus importante que celle du chiffre d'affaires.

La situation s'améliore en N grâce à une meilleure maîtrise des charges d'exploitation.

*Rentabilité financière* :

$$\frac{\text{Résultat de l'exercice}}{\text{Capitaux propres}} \times 100$$

| Exercice N – 2 | Exercice N – 1 | Exercice N |
| --- | --- | --- |
| $\frac{718}{4\,521} \times 100 = 15{,}90\ \%$ | $\frac{579}{6\,670} \times 100 = 8{,}70\ \%$ | $\frac{1\,690}{10\,281} \times 100 = 16{,}40\ \%$ |

La rentabilité des apports baisse sensiblement entre N – 2 et N – 1, puis on assiste à une nette amélioration entre N – 1 et N.

La rentabilité financière est moins élevée que la rentabilité économique. Le faible endettement de l'entreprise et l'augmentation régulière des capitaux propres n'ont pas eu un effet favorable sur la rentabilité financière de l'entreprise.

# PARTIE 6

# *Le tableau de financement*

# Le tableau de financement (première partie)

Chapitre **18**

## 1 Généralités

Le tableau de financement, encore appelé tableau de flux de fonds, permet une analyse ***fonctionnelle dynamique*** de la situation financière de l'entreprise.

Il fait apparaître les mouvements, les flux monétaires ou ***variations d'emplois*** et ***de ressources*** survenus pendant un exercice afin d'expliquer l'***origine*** de la variation du fonds de roulement net global et d'analyser l'***utilisation*** de cette variation.

Le tableau de financement permet de connaître :

- les opérations qui ont contribué à l'évolution du patrimoine au cours d'un exercice ;
- les réalisations d'investissements et de désinvestissements ;
- les moyens de financement utilisés ;
- les dividendes distribués ;
- l'évolution des éléments du cycle d'exploitation.

Le tableau de financement ne fait pas partie des documents de synthèse obligatoires que l'entreprise doit présenter.

Il est inclus dans l'annexe du système développé qui est le système facultatif.

Toutefois l'établissement du tableau de financement est ***obligatoire*** en tant que ***document d'information financière*** pour les entreprises qui dépassent l'un des deux critères suivants :

– 300 salariés ;

– 18 millions d'euros de chiffre d'affaires.

Le Plan comptable général a prévu un ***modèle*** du tableau de financement :

– en compte, à l'article 832-10 présenté pages 167 et 174 ;

– en liste, à l'article 832-11.

Le tableau de financement est structuré en deux parties :

**Tableau de financement**

| Première partie | Deuxième partie |
|---|---|
| **Tableau des emplois et des ressources** | **Tableau des variations du fonds de roulement** |
| Comparaison des ressources durables et des emplois stables | Utilisation de la variation du fonds de roulement net global |
| = | = |
| Variation du fonds de roulement net global | Variation du fonds de roulement net global |

**de sens contraire**

## 2 Le tableau des emplois – ressources

La première partie du tableau de financement permet d'***expliquer*** comment les emplois stables réalisés au cours de l'exercice ont été financés et comment s'est formée la ***variation du fonds de roulement net global*** (évaluation de l'augmentation ou de la diminution du fonds de roulement net global).

### *A – Les emplois stables*

Les emplois stables réalisés durant l'exercice comprennent essentiellement :

- les dividendes distribués ;
- les investissements ;
- les remboursements de dettes financières.

Le schéma explicatif du tableau de financement (première partie), relatif aux emplois stables se présente comme suit :

**Emplois stables** → Augmentation de l'actif stable
→ Diminution des ressources durables

| Éléments | Origines | Remarques |
|---|---|---|
| Distributions mises en paiement au cours de l'exercice | • Mouvements crédit du compte : « 457 Associés – Dividendes à payer »<br>• Annexe : Affectation du résultat N – 1 | Dividendes N – 1 payés en N |
| Acquisitions d'éléments de l'actif immobilisé | • Mouvements débit comptes d'immobilisations<br>• Annexe : Tableau des immobilisations, 2e colonne | Y compris les augmentations de créances immobilisées et les prêts |
| Charges à répartir sur plusieurs exercices | • Mouvements débit du compte : « 481 Charges à répartir sur plusieurs exercices » | Ils permettent d'équilibrer les transferts de charges compris dans la capacité d'autofinancement |
| Réduction des capitaux propres | • Bilan après répartition N – 1<br>• Bilan avant répartition N | Retraits de l'exploitant<br>ou<br>Remboursements de capital aux associés |
| Remboursement des dettes financières | • Mouvements débit du compte : « 16 Emprunts et dettes assimilées »<br>• Annexe : État des échéances et des dettes | Il s'agit du montant des amortissements des emprunts<br>Exclure les concours bancaires courants et les soldes créditeurs banques ainsi que les intérêts courus |

À NOTER • Les charges à répartir sur plusieurs exercices ne concernent que les frais d'émission d'emprunt (commissions bancaires, frais de publicité légale…).

## *B – Les ressources durables*

Les ressources durables obtenues au cours de l'exercice comprennent :

**Les ressources internes**

↓

• Capacité d'autofinancement

**Les ressources externes**

↓

• Ressources propres
• Endettement stable
• Ressources liées aux opérations exceptionnelles (cessions ou réductions d'éléments d'actif immobilisé)

Le schéma explicatif du tableau de financement (première partie), relatif aux ressources durables se présente comme suit :

**Ressources durables** → Augmentation des ressources durables / Diminution de l'actif stable

| Éléments | Origines | Remarques |
|---|---|---|
| Capacité d'autofinancement de l'exercice | • Soldes intermédiaires de gestion pour la méthode soustractive | Calculée à partir de l'excédent brut d'exploitation |
| Cessions ou réductions d'éléments de l'actif immobilisé | • Mouvements crédit des comptes : « 775 Produits des cessions d'éléments d'actif »<br>• Mouvements crédit des comptes de créances immobilisées et de prêts. | Prendre le montant hors taxes du prix de cession, y compris les remboursements des créances immobilisées et des prêts. Exclure les intérêts courus |
| Augmentation des capitaux propres | • Bilan avant répartition N (Capital + Primes d'émission + Réserves + Report à nouveau)<br>• Bilan après répartition N – 1 (situation nette) | Prendre l'augmentation des apports appelés, augmentés de la prime d'émission et le montant des nouvelles subventions obtenues dans l'exercice |
| Augmentation des dettes financières | • Mouvement crédit du compte : « 16 Emprunts et dettes assimilées »<br>• Annexe : État des échéances et des dettes | Exclure les concours bancaires courants et les soldes créditeurs de banques |

La variation du fonds de roulement net global s'obtient de la manière suivante :

Ressources durables de l'exercice – Emplois stables de l'exercice = **Variation du fonds de roulement net global**

**Si :** Ressources durables de l'exercice > Emplois stables de l'exercice = **Ressource nette (+)**

⇒ Augmentation du fonds de roulement net global

**Si :** Ressources durables de l'exercice < Emplois stables de l'exercice = **Emploi net (–)**

⇒ Diminution du fonds de roulement net global

## C – Le modèle du tableau I

La présentation prévue par le Plan comptable général est la suivante :

**Art 832-10 Modèle de tableau des emplois et des ressources**

**I. Tableau de financement en compte**

| EMPLOIS | Exercice N | Exercice N – 1 | RESSOURCES | Exercice N | Exercice N – 1 |
|---|---|---|---|---|---|
| Distributions mises en paiement au cours de l'exercice | | | Capacité d'autofinancement de l'exercice | | |
| Acquisitions d'éléments de l'actif immobilisé : | | | Cessions ou réductions d'éléments de l'actif immobilisé : | | |
| Immobilisations incorporelles | | | Cessions d'immobilisations : | | |
| Immobilisations corporelles | | | – incorporelles | | |
| Immobilisations financières | | | – corporelles | | |
| Charges à répartir sur plusieurs exercices **(a)** | | | Cessions ou réductions d'immobilisations financières | | |
| Réduction des capitaux propres (réduction de capital, retraits) | | | Augmentation des capitaux propres : | | |
| | | | Augmentation de capital ou apports | | |
| Remboursements de dettes financières **(b)** | | | Augmentation des autres capitaux propres | | |
| | | | Augmentation des dettes financières **(b) (c)**. | | |
| **Total des emplois** | | | **Total des ressources** | | |
| Variation du fonds de roulement net global (ressource nette) | | | Variation du fonds de roulement net global (emploi net) | | |

***(a)*** Montant brut transféré au cours de l'exercice.
***(b)*** Sauf concours bancaires courants et soldes créditeurs de banques.
***(c)*** Hors primes de remboursement des obligations.

## 3 L'utilité du tableau des emplois et des ressources

La première partie du tableau de financement permet d'apprécier :

- la politique d'investissement ou de désinvestissement → acquisition ; → produits de cessions.
- la politique de financement des investissements → externe ; → interne.
- la capacité de remboursement → capacité d'autofinancement.
- la politique d'autofinancement et la politique de distribution des dividendes → capacité d'autofinancement ; → distributions de dividendes.
- les conditions de l'équilibre financier d'après l'approche fonctionnelle.

**À NOTER** • La comparaison des bilans (N) et (N – 1) est parfois insuffisante, il faut alors prendre des renseignements dans les annexes • Dans l'une et l'autre partie du tableau de financement, il n'est pas tenu compte des écarts de conversion • Les amortissements, les dépréciations et les provisions sont exclus du tableau de financement • Pour remplir la colonne (N – 1) du tableau de financement, il faut posséder les renseignements du bilan (N – 2) • Le tableau de financement peut se présenter en liste.

**Exemple**

Certains postes des bilans N et N – 1 de l'entreprise industrielle Romy vous sont communiqués ci-dessous :

| Intitulés | Bilan N | Bilan N – 1 | Variations |
|---|---|---|---|
| Stocks et en-cours (brut) | 26 000 | 51 050 | – 25 050 |
| Créances d'exploitation (brut) | 15 400 | 33 400 | – 18 000 |
| Créances hors exploitation | 6 200 | 2 430 | + 3 770 |
| Disponibilités | 4 000 | 2 000 | + 2 000 |
| Capital | 122 000 | 70 000 | + 52 000 |
| Réserves | 23 700 | 20 000 | + 3 700 |
| Dettes financières | 10 000 | 2 330 | + 7 670 |
| Dettes d'exploitation | 14 040 | 9 240 | + 4 800 |
| Dettes hors exploitation | 8 200 | 12 400 | – 4 200 |
| Banques soldes créditeurs | 2 420 | 300 | + 2 120 |

Autres informations relatives à l'exercice N :

| | |
|---|---|
| – Capacité d'autofinancement | 62 830 |
| – Dividendes à payer | 6 000 |
| – Investissements (biens corporels) | 159 300 |
| – Produits des cessions d'éléments d'actif | 2 800 |
| – Remboursement d'emprunt à long terme | 2 330 |
| – Nouvel emprunt à long terme | 10 000 |

*Présenter la première partie du tableau de financement (en compte).*

*Le tableau de financement* se présente comme suit :

| EMPLOIS | Exercice N | Exercice N – 1 | RESSOURCES | Exercice N | Exercice N – 1 |
|---|---|---|---|---|---|
| Distributions mises en paiement au cours de l'exercice | 6 000 | | Capacité d'autofinancement de l'exercice | 62 830 | |
| Acquisitions d'éléments de l'actif immobilisé : | | | Cessions ou réductions d'éléments de l'actif immobilisé : | | |
| Immobilisations incorporelles | | | Cessions d'immobilisations : | | |
| Immobilisations corporelles | 159 300 | | – incorporelles | | |
| Immobilisations financières | | | – corporelles | 2 800 | |
| Charges à répartir sur plusieurs exercices **(a)** | | | Cessions ou réductions d'immobilisations financières | | |
| Réduction des capitaux propres (réduction de capital, retraits) | | | Augmentation des capitaux propres : | | |
| | | | Augmentation de capital ou apports | 52 000 | |
| Remboursements de dettes financières **(b)** | 2 330 | | Augmentation des autres capitaux propres | | |
| | | | Augmentation des dettes financières **(b) (c)** | 10 000 | |
| **Total des emplois** | 167 630 | | **Total des ressources** | 127 630 | |
| Variation du fonds de roulement net global (ressource nette) | | | Variation du fonds de roulement net global (emploi net) | 40 000 | |

***(a)*** Montant brut transféré au cours de l'exercice.
***(b)*** Sauf concours bancaires courants et soldes créditeurs de banques.
***(c)*** Hors primes de remboursement des obligations.

Les ressources durables de 127 630 € ne financent pas les emplois stables de 167 630 €. On constate alors un emploi net de 40 000 €.

La capacité d'autofinancement représente près de la moitié (49 %) des ressources durables dégagées en N.

Nous constatons une dégradation du fonds de roulement net global de 40 000 €.

Au cours de l'exercice N, l'entreprise a investi en immobilisations corporelles. Elles ont été financées principalement par des ressources propres : l'autofinancement (ressource interne) et une augmentation de capital (ressource externe).

L'autofinancement a permis de financer les investissements à hauteur d'environ 38 % :

$$\frac{62\ 830 - 6\ 000 - 2\ 330}{159\ 300}$$

Par ailleurs, l'entreprise s'est endettée. En effet, le remboursement des dettes financières est inférieur au nouvel emprunt contracté.

# Le tableau de financement (deuxième partie)

Chapitre **19**

## 1 Généralités

La deuxième partie du tableau de financement explique comment la ***variation positive*** du fonds de roulement net global a été ***utilisée*** ou comment la ***variation négative*** du fonds de roulement net global a été ***couverte***, en faisant apparaître trois catégories de variations :

– les variations du fonds de roulement d'exploitation ;

– les variations du fonds de roulement hors exploitation ;

– les variations de la trésorerie nette.

## 2 Le tableau des variations du fonds de roulement net global

Les variations sont calculées par différence entre les valeurs brutes des bilans fonctionnels N et N – 1 :

  Valeurs brutes des éléments du cycle d'exploitation Bilan N
– Valeurs brutes des éléments du cycle d'exploitation Bilan N – 1

= Variation

Ces variations constituent soit des ***besoins*** en fonds de roulement, soit des ***dégagements*** de fonds de roulement :

| Besoins | Dégagements |
|---|---|
| + d'actif<br>– de passif | + de passif<br>– d'actif |

Pour chaque catégorie de variations, il est nécessaire de calculer un ***solde***.

Si : Dégagements < Besoins = Besoins nets ⇒ *Solde négatif (–)*

Si : Dégagements > Besoins = Dégagements nets ⇒ *Solde positif (+)*

Le solde doit toujours être ***calculé*** dans le sens :

Dégagements – Besoins = **Variation nette**

## A – Le schéma explicatif du tableau de financement (deuxième partie)

| **Variation du fonds de roulement net global** | **Besoins** = Augmentation de l'actif circulant + Diminution des dettes cycliques | **Dégagements** = Augmentation des dettes cycliques + Diminution de l'actif circulant | **Solde** = Dégagements – Besoins |
|---|---|---|---|
| **Variation « Exploitation »** | | | |
| Variation des actifs d'exploitation | Valeurs brutes bilan N > Valeurs brutes bilan N – 1 | Valeurs brutes bilan N < Valeurs brutes bilan N – 1 | |
| Variation des dettes d'exploitation | Valeurs brutes bilan N < Valeurs brutes bilan N – 1 | Valeurs brutes bilan N > Valeurs brutes bilan N – 1 | |
| **Totaux** | | | |
| A. Variation nette « Exploitation » | | | Si dégagements > besoins ⇒ solde +<br>Si dégagements < besoins ⇒ solde – |
| **Variation « Hors exploitation »** | | | |
| Variation des autres débiteurs | Valeurs brutes bilan N > Valeurs brutes bilan N – 1 | Valeurs brutes bilan N < Valeurs brutes bilan N – 1 | |
| Variation des autres créditeurs | Valeurs brutes bilan N < Valeurs brutes bilan N – 1 | Valeurs brutes bilan N > Valeurs brutes bilan N – 1 | |
| **Totaux** | | | |
| B. Variation nette « Hors exploitation » | | | Si dégagements > besoins ⇒ solde +<br>Si dégagements < besoins ⇒ solde – |
| **Total A + B**<br>Besoin de l'exercice en FR<br>ou<br>Dégagement net de FR | | | Si A + B = solde –<br><br>Si A + B = solde + |
| **Variation « Trésorerie »** | | | |
| Variation des disponibilités | Valeurs brutes bilan N > Valeurs brutes bilan N – 1 | Valeurs brutes bilan N < Valeurs brutes bilan N – 1 | |
| Variation des concours bancaires courants et soldes créditeurs banques | Valeurs brutes bilan N < Valeurs brutes bilan N – 1 | Valeurs brutes bilan N > Valeurs brutes bilan N – 1 | |
| **Totaux** | | | |
| C. Variation nette « Trésorerie » | | | Si dégagements > besoins ⇒ solde +<br>Si dégagements < besoins ⇒ solde – |
| **Variation du FRNG**<br>**Total A + B + C**<br>**Emploi net**<br>ou<br>**Ressource nette** | | | Si A + B + C = solde –<br><br>Si A + B + C = solde + |

À NOTER • Il faut exclure du besoin en fonds de roulement les dividendes à payer puisqu'ils figurent dans la première partie du tableau • Les intérêts courus des prêts ou emprunts sont pris en compte dans les variations des autres débiteurs ou créditeurs • Les charges et produits constatés d'avance sont classés dans la deuxième partie du tableau, en exploitation ou hors exploitation.

La deuxième partie du tableau de financement est construite d'après la ***relation fondamentale*** :

Fonds de roulement net global – Besoin en fonds de roulement = **Trésorerie nette**

D'où l'analyse de l'évolution de ses trois composantes :

Δ Fonds de roulement net global – Δ Besoin en fonds de roulement = Δ **Trésorerie nette**

D'où les égalités suivantes qui en découlent :

Δ Fonds de roulement net global = Δ Besoin en fonds de roulement + Δ Trésorerie nette

Δ Ressources stables – Δ Emplois stables

=
**Variation du fonds de roulement net global**
=

Δ Besoin en fonds de roulement (ou dégagement) + Δ Trésorerie nette

La variation du fonds de roulement net global déterminée dans le tableau (II) doit être ***identique*** à celle calculée dans le tableau (I) mais de ***signe contraire***.

## B – Le modèle du tableau II

La présentation prévue par le Plan comptable général est reproduite page suivante.

## Art 832-10 (suite) Modèle de tableau des emplois et des ressources
### II. Tableau de financement en compte

| Variation du fonds de roulement net global | Exercice N | | | Exercice N –1 |
|---|---|---|---|---|
| | Besoins 1 | Dégagement 2 | Solde 2 – 1 | Solde |
| **Variation « Exploitation »** | | | | |
| Variation des actifs d'exploitation : | | | | |
| Stocks et en-cours | | | | |
| Avances et acomptes versés sur commandes | | | | |
| Créances Clients, Comptes rattachés et autres créances d'exploitation **(a)** | | | | |
| Variation des dettes d'exploitation : | | | | |
| Avances et acomptes reçus sur commandes en cours | | | | |
| Dettes Fournisseurs, Comptes rattachés et autres dettes d'exploitation **(b)** | | | | |
| **Totaux** | | | | |
| A. Variation nette « Exploitation » : **(c)** | | | | |
| **Variation « Hors exploitation »** | | | | |
| Variation des autres débiteurs **(a) (d)** | | | | |
| Variation des autres créditeurs **(b)** | | | | |
| **Totaux** | | | | |
| B. Variation nette « Hors exploitation » **(c)** | | | | |
| **Total A +B :** | | | | |
| Besoins de l'exercice en fonds de roulement<br>ou<br>Dégagement net de fonds de roulement dans l'exercice | | | | |
| **Variation « Trésorerie »** | | | | |
| Variation des disponibilités | | | | |
| Variation des concours bancaires courants et soldes créditeurs de banques | | | | |
| **Totaux** | | | | |
| C. Variation nette « Trésorerie » **(c)** | | | | |
| **Variation du fonds de roulement net global (Total A +B + C) :**<br>**Emploi net**<br>ou<br>**Ressource nette** | | | | |

***(a)*** Y compris charges constatées d'avance selon leur affectation à l'exploitation ou non.

***(b)*** Y compris produits constatés d'avance selon leur affectation à l'exploitation ou non.

***(c)*** Les montants sont assortis du signe (+) lorsque les dégagements l'emportent sur les besoins et du signe (–) dans le cas contraire.

***(d)*** Y compris valeurs mobilières de placement.

Nota : Cette partie II du tableau peut être adaptée au système de base. Dans ce cas, les variations portent sur l'ensemble des éléments ; aucune distinction n'est faite entre exploitation et hors exploitation.

## 3 L'utilité du tableau de financement (deuxième partie)

La deuxième partie du tableau de financement permet d'apprécier :

- la gestion du ***cycle d'exploitation*** de l'entreprise et par conséquent, les politiques de stockage, de crédits clients et fournisseurs ;
- les conditions de l'***équilibre financier*** d'après l'approche fonctionnelle ;

et de connaître l'***origine des variations*** constatées.

Pour mener à bien cette analyse, il convient de comparer l'évolution du besoin en fonds de roulement et de la trésorerie avec celle de l'activité de l'entreprise.

**Exemple**

Certains postes des bilans N et N – 1 de l'entreprise industrielle Romy vous sont communiqués ci-dessous :

| Intitulés | Bilan N | Bilan N – 1 | Variations |
|---|---|---|---|
| Stocks et en-cours (brut) | 26 000 | 51 050 | – 25 050 |
| Créances d'exploitation (brut) | 15 400 | 33 400 | – 18 000 |
| Créances hors exploitation | 6 200 | 2 430 | + 3 770 |
| Disponibilités | 4 000 | 2 000 | + 2 000 |
| Capital | 122 000 | 70 000 | + 52 000 |
| Réserves | 23 700 | 20 000 | + 3 700 |
| Dettes financières | 10 000 | 2 330 | + 7 670 |
| Dettes d'exploitation | 14 040 | 9 240 | + 4 800 |
| Dettes hors exploitation | 8 200 | 12 400 | – 4 200 |
| Banques soldes créditeurs | 2 420 | 300 | + 2 120 |

Autres informations relatives à l'exercice N :

| | |
|---|---|
| – Capacité d'autofinancement | 62 830 |
| – Dividendes à payer | 6 000 |
| – Investissements (biens corporels) | 159 300 |
| – Produits des cessions d'éléments d'actif | 2 800 |
| – Remboursement d'emprunt à long terme | 2 330 |
| – Nouvel emprunt à long terme | 10 000 |

*Présenter la deuxième partie du tableau de financement (en compte).*

*Le tableau de financement* se présente comme suit :

| **Variation du fonds de roulement net global** | **Exercice N** | | | **Exercice N –1** |
|---|---|---|---|---|
| | **Besoins 1** | **Dégagement 2** | **Solde 2 – 1** | **Solde** |
| **Variation « Exploitation »** | | | | |
| Variation des actifs d'exploitation : | | | | |
| Stocks et en-cours | | 25 050 | | |
| Avances et acomptes versés sur commandes | | | | |
| Créances Clients, Comptes rattachés et autres créances d'exploitation **(a)** | | 18 000 | | |
| Variation des dettes d'exploitation : | | | | |
| Avances et acomptes reçus sur commandes en cours | | | | |
| Dettes Fournisseurs, Comptes rattachés et autres dettes d'exploitation **(b)** | | 4 800 | | |
| **Totaux** | | 47 850 | | |
| A. Variation nette « Exploitation » : **(c)** | | | 47 850 | |
| **Variation « Hors exploitation »** | | | | |
| Variation des autres débiteurs **(a) (d)** | 3 770 | | | |
| Variation des autres créditeurs **(b)** | 4 200 | | | |
| **Totaux** | 7 970 | | | |
| B. Variation nette « Hors exploitation » **(c)** | | | – 7 970 | |
| **Total A +B :** | | | | |
| Besoins de l'exercice en fonds de roulement | | | | |
| ou | | | | |
| Dégagement net de fonds de roulement dans l'exercice | | | 39 880 | |
| **Variation « Trésorerie »** | | | | |
| Variation des disponibilités | 2 000 | | | |
| Variation des concours bancaires courants et soldes créditeurs de banques | | 2 120 | | |
| **Totaux** | 2 000 | 2 120 | | |
| C. Variation nette « Trésorerie » **(c)** | | | 120 | |
| **Variation du fonds de roulement net global (Total A +B + C) :** | | | | |
| **Emploi net** | | | | |
| ou | | | | |
| **Ressource nette** | | | 40 000 | |

***(a)*** Y compris charges constatées d'avance selon leur affectation à l'exploitation ou non.
***(b)*** Y compris produits constatés d'avance selon leur affectation à l'exploitation ou non.
***(c)*** Les montants sont assortis du signe (+) lorsque les dégagements l'emportent sur les besoins et du signe (–) dans le cas contraire.
***(d)*** Y compris valeurs mobilières de placement.
Nota : Cette partie II du tableau peut être adaptée au système de base. Dans ce cas, les variations portent sur l'ensemble des éléments ; aucune distinction n'est faite entre exploitation et hors exploitation.

Nous constatons un dégagement net en fonds de roulement de 39 880 € et une très faible dégragation de la trésorerie. La dégradation du fonds de roulement net global de 40 000 € en N provient essentiellement des investissements effectués. Il faut attendre les prochaines années pour vérifier si les investissements effectués permettront d'améliorer le FRNG et de dégager des flux de trésorerie.

# Synthèse corrigée sur le tableau de financement

Chapitre **20**

## 1 Énoncé

L'entreprise Verdier vous communique les renseignements suivants :

– tableau des amortissements :

| Nature des postes | Amortissements cumulés début d'exercice | Dotations de l'exercice | Diminutions amortissements de l'exercice | Amortissements cumulés fin d'exercice |
|---|---|---|---|---|
| Constructions | 40 000 | 80 000 | | 120 000 |
| Installations techniques, matériel et outillage | 16 000 | 35 000 | | 51 000 |
| Matériel de bureau et matériel informatique | 20 540 | 34 830 | | 55 370 |
| Matériel de transport | 81 600 | 138 600 | 19 200 | 201 000 |
| | 158 140 | 288 430 | 19 200 | 427 370 |

– tableau des dépréciations :

| Nature des postes | Dépréciations début d'exercice | Dotations de l'exercice | Reprises de l'exercice | Dépréciations fin d'exercice |
|---|---|---|---|---|
| Titres de participation | 20 000 | 70 000 | 30 000 | 60 000 |
| Stocks de marchandises | 1 800 | 1 800 | | 3 600 |
| Clients et comptes rattachés | 4 000 | 2 000 | 600 | 5 400 |
| Valeurs mobilières de placement | 2 000 | 1 200 | | 3 200 |
| | 27 800 | 75 000 | 30 600 | 72 200 |

– tableau des provisions :

| Nature des postes | Provisions début d'exercice | Dotations de l'exercice | Reprises de l'exercice | Provisions fin d'exercice |
|---|---|---|---|---|
| Provisions pour risques | | 24 000 | | 24 000 |
| | | 24 000 | | 24 000 |

– comptes de bilan par soldes après inventaire, au 31 décembre N et N – 1 :

| Comptes | Soldes en N | | Soldes en N – 1 | |
|---|---|---|---|---|
| | Débiteurs | Créditeurs | Débiteurs | Créditeurs |
| Terrains | 60 000 | | 60 000 | |
| Constructions | 1 600 000 | | 1 600 000 | |
| Amortissements des constructions | | 120 000 | | 40 000 |
| Installations techniques, matériel et outillage industriels | 156 000 | | 156 000 | |
| Amortissements des installations techniques, matériel et outillage industriels | | 51 000 | | 16 000 |
| Matériel de bureau et matériel informatique | 138 800 | | 138 800 | |
| Amortissements matériel de bureau et matériel informatique | | 55 370 | | 20 540 |
| Matériel de transport | 504 000 | | 480 000 | |
| Amortissements du matériel de transport | | 201 000 | | 81 600 |
| Titres de participation | 320 000 | | 120 000 | |
| Dépréciations des titres de participation | | 60 000 | | 20 000 |
| Prêts | 100 000 | | 200 000 | |
| Stocks de marchandises | 484 000 | | 390 000 | |
| Dépréciations des stocks | | 3 600 | | 1 800 |
| Clients et comptes rattachés | 391 900 | | 108 000 | |
| Dépréciations des comptes clients | | 5 400 | | 4 000 |
| Débiteurs divers | 28 100 | | 22 000 | |
| Charges constatées d'avance | 10 000 | | 2 600 | |
| Valeurs mobilières de placement | 132 000 | | 66 000 | |
| Dépréciations des valeurs mobilières de placement | | 3 200 | | 2 000 |
| Banques | 8 770 | | 2 540 | |
| Capital | | 1 400 000 | | 1 000 000 |
| Résultat de l'exercice | | 384 000 | 24 000 | |
| Report à nouveau | 24 000 | | | |
| Provisions pour risques | | 24 000 | | |
| Emprunts auprès des établissements de crédit | | 1 000 000 | | 1 200 000 |
| Fournisseurs et comptes rattachés | | 273 500 | | 532 000 |
| Fournisseurs d'immobilisations | | 60 000 | | 160 000 |
| Sécurité sociale | | 60 000 | | 152 000 |
| TVA à décaisser | | 70 000 | | 100 000 |
| États – Impôts sur les bénéfices | | 146 500 | | |
| Créditeurs divers | | 16 000 | | 10 000 |
| Produits constatés d'avance | | 24 000 | | 30 000 |
| **Total** | 3 957 570 | 3 957 570 | 3 369 940 | 3 369 940 |

– autres informations :

- l'entreprise n'a pas contracté de nouvel emprunt ;
- le prix de cession d'un véhicule de transport : 77 600 € (pour une valeur d'origine de 96 000 €) ;
- l'acquisition de matériel de transport : 120 000 €.
- les postes du bilan hors exploitation sont les suivants :
  - Valeurs mobilères de placement
  - Dettes fiscales (impôt sur les sociétés)
  - Fournisseurs d'immobilisations
  - Débiteurs divers
  - Créditeurs divers

***Établir le tableau de financement de l'exercice N.***

## 2 Corrigé

Calcul de la capacité d'autofinancement N par la méthode additive :

| | | | |
|---|---|---|---|
| | Résultat de l'exercice | | 384 000 |
| + | Dotations aux amortissements, dépréciations et provisions (1) | + | 387 430 |
| – | Reprises sur amortissements, dépréciations et provisions | – | 30 600 |
| + | Valeur comptable des éléments d'actif cédés (2) | + | 76 800 |
| – | Produits des cessions d'éléments d'actif immobilisés | – | 77 600 |
| = | Capacité d'autofinancement | = | 740 030 |

(1) 288 430 + 99 000

(2) 96 000 – 19 200

Montant du remboursement de l'emprunt :

1 200 000 – 1 000 000 = 200 000 €

Calculs

| Comptes | Valeurs brutes | | Variations | |
|---|---|---|---|---|
| | N | N – 1 | Besoins | Dégagements |
| **Variations « Exploitation »** | | | | |
| Stocks de marchandises | 484 000 | 390 000 | 94 000 | |
| Créances clients, comptes rattachés et autres créances d'exploitation | | | | |
| • Créances clients et comptes rattachés | 391 900 | 108 000 | 283 900 | |
| • Charges constatées d'avance | 10 000 | 2 600 | 7 400 | |
| Dettes fournisseurs, comptes rattachés et autres dettes d'exploitation | | | | |
| • Fournisseurs et comptes rattachés | 273 500 | 532 000 | 258 500 | |
| • Sécurité sociale | 60 000 | 152 000 | 92 000 | |
| • TVA à décaisser | 70 000 | 100 000 | 30 000 | |
| • Produits constatés d'avance | 24 000 | 30 000 | 6 000 | |
| **Variations « Hors exploitation »** | | | | |
| Variations des autres débiteurs | | | | |
| • Débiteurs divers | 28 100 | 22 000 | 6 100 | |
| • Valeurs mobilières de placement | 132 000 | 66 000 | 66 000 | |
| Variations des autres créditeurs | | | | |
| • Fournisseurs d'immobilisations | 60 000 | 160 000 | 100 000 | |
| • État (IS) | 146 500 | | | 146 500 |
| • Créditeurs divers | 16 000 | 10 000 | | 6 000 |
| **Variations « Trésorerie »** | | | | |
| Banque | 8 770 | 2 540 | 6 230 | |
| | | | 950 130 | 152 500 |

## Tableau de financement

*Le tableau des emplois et des ressources* **I.** est le suivant :

| EMPLOIS | Exercice N | Exercice N – 1 | RESSOURCES | Exercice N | Exercice N – 1 |
|---|---|---|---|---|---|
| Distributions mises en paiement au cours de l'exercice | | | Capacité d'autofinancement de l'exercice | 740 030 | |
| Acquisitions d'éléments de l'actif immobilisé : | | | Cessions ou réductions d'éléments de l'actif immobilisé : | | |
| Immobilisations incorporelles | | | Cessions d'immobilisations : | | |
| Immobilisations corporelles | 120 000 | | – incorporelles | | |
| Immobilisations financières | 200 000 | | – corporelles | 77 600 | |
| Charges à répartir sur plusieurs exercices **(a)** | | | Cessions ou réductions d'immobilisations financières | 100 000 | |
| Réduction des capitaux propres (réduction de capital, retraits) | | | Augmentation des capitaux propres : | | |
| | | | Augmentation de capital ou apports | 400 000 | |
| Remboursements de dettes financières **(b)** | 200 000 | | Augmentation des autres capitaux propres | | |
| | | | Augmentation des dettes financières **(b) (c)**. | | |
| **Total des emplois** | 520 000 | | **Total des ressources** | 1 317 630 | |
| Variation du fonds de roulement net global (ressource nette) | 797 630 | | Variation du fonds de roulement net global (emploi net) | | |

***(a)*** Montant brut transféré au cours de l'exercice.
***(b)*** Sauf concours bancaires courants et soldes créditeurs de banques.
***(c)*** Hors primes de remboursement des obligations.

*Le tableau des emplois et des ressources* **II.** se présente comme suit :

| Variation du fonds de roulement net global | Exercice N | | | Exercice N –1 |
|---|---|---|---|---|
| | **Besoins 1** | **Dégagement 2** | **Solde 2 – 1** | **Solde** |
| **Variation « Exploitation »** | | | | |
| Variation des actifs d'exploitation : | | | | |
| Stocks et en-cours | 94 000 | | | |
| Avances et acomptes versés sur commandes | | | | |
| Créances Clients, Comptes rattachés et autres créances d'exploitation **(a)** | 291 300 | | | |
| Variation des dettes d'exploitation : | | | | |
| Avances et acomptes reçus sur commandes en cours | | | | |
| Dettes Fournisseurs, Comptes rattachés et autres dettes d'exploitation **(b)** | 386 500 | | | |
| **Totaux** | 771 800 | | | |
| A. Variation nette « Exploitation » : **(c)** | | | – 771 800 | |
| **Variation « Hors exploitation »** | | | | |
| Variation des autres débiteurs **(a) (d)** | 72 100 | | | |
| Variation des autres créditeurs **(b)** | | 52 500 | | |
| **Totaux** | 72 100 | 52 500 | | |
| B. Variation nette « Hors exploitation » **(c)** | | | – 19 600 | |
| **Total A +B :** | | | | |
| Besoins de l'exercice en fonds de roulement ou Dégagement net de fonds de roulement dans l'exercice | | | 791 400 | |
| **Variation « Trésorerie »** | | | | |
| Variation des disponibilités | 6 230 | | | |
| Variation des concours bancaires courants et soldes créditeurs de banques | | | | |
| **Totaux** | 6 230 | | | |
| C. Variation nette « Trésorerie » **(c)** | | | – 6 230 | |
| **Variation du fonds de roulement net global (Total A +B + C) :** **Emploi net** ou **Ressource nette** | | | 797 630 | |

***(a)*** Y compris charges constatées d'avance selon leur affectation à l'exploitation ou non.
***(b)*** Y compris produits constatés d'avance selon leur affectation à l'exploitation ou non.
***(c)*** Les montants sont assortis du signe (+) lorsque les dégagements l'emportent sur les besoins et du signe (–) dans le cas contraire.
***(d)*** Y compris valeurs mobilières de placement.
Nota : Cette partie II du tableau peut être adaptée au système de base. Dans ce cas, les variations portent sur l'ensemble des éléments ; aucune distinction n'est faite entre exploitation et hors exploitation.

La forte progression du fonds de roulement net global est due principalement à une capacité d'autofinancement importante et à une augmentation de capital qui couvrent largement les investissements et le remboursement des emprunts. Cette ressource nette est suffisante pour financer l'augmentation du besoin en fonds de roulement et il en résulte une amélioration de la trésorerie. L'équilibre financier est donc respecté.

# PARTIE 7

# *Les éléments prévisionnels*

# *Le besoin en fonds de roulement d'exploitation normatif*

Chapitre **21**

## 1 Généralités

Il s'agit de déterminer le ***Besoin en Fonds de Roulement d'Exploitation*** (BFRE) ***prévisionnel*** en tenant compte des ***normes*** de l'exploitation de l'entreprise, c'est-à-dire de ses propres conditions d'activité.

Cette méthode consiste à exprimer le besoin en fonds de roulement d'exploitation par rapport au ***chiffre d'affaires hors taxes***. Elle permet de prévoir notamment les effets de l'évolution du chiffre d'affaires, du lancement d'un nouveau produit, d'un changement de politique de stockage ou de politique commerciale sur le montant du besoin en fonds de roulement d'exploitation.

La méthode du besoin en fonds de roulement normatif est utilisée également pour ***évaluer la partie permanente*** du besoin en fonds de roulement d'exploitation et prévoir son financement. Elle est encore appelée méthode ***dynamique*** ; elle complète la méthode de détermination du besoin en fonds de roulement d'exploitation à partir du bilan fonctionnel, dite méthode statique, assise sur des données historiques.

## 2 Les principes de calcul

Rappelons les composantes du besoin en fonds de roulement d'exploitation :

**Besoins**

↓

- **Stocks**
- **Créances clients**
- **TVA déductible**
- **Autres créances d'exploitation**

**Ressources**

↓

- **Dettes fournisseurs d'exploitation**
- **TVA collectée**
- **Dettes sociales**

**Besoin en fonds de roulement d'exploitation**

La détermination du besoin en fonds de roulement d'exploitation normatif nécessite plusieurs étapes :

① **Distinguer** ⟶ pour chaque composante, les ***éléments variables*** (proportionnels au chiffre d'affaires hors taxes, les créances clients par exemple) et les ***éléments fixes*** (non proportionnels au chiffre d'affaires hors taxes, les dettes sociales par exemple).

② **Calculer** ⟶ le ***temps d'écoulement*** prévisionnel, ou la durée de rotation pour chaque élément.

③ **Déterminer** ⟶ un ***coefficient de pondération*** :
- pour un euro de chiffre d'affaires hors taxes lorsque l'élément est variable ;
- ou pour un jour de chiffre d'affaires hors taxes lorsque l'élément est fixe.

④ **Évaluer** ⟶ chaque poste du besoin en fonds de roulement d'exploitation :
- ***en nombre de jours*** de chiffre d'affaires hors taxes pour les éléments ***variables*** ;
- en ***montant*** pour les éléments ***fixes*** :

Temps d'écoulement x Coefficient de pondération

⑤ **Calculer** ⟶ le besoin en fonds de roulement d'exploitation :
- en ***nombre de jours*** de chiffre d'affaires hors taxes pour les éléments ***variables*** ;
- en ***montant*** pour les éléments ***fixes*** :

Besoin en fonds de roulement d'exploitation = Besoins – Ressources

## *A – Le calcul des temps d'écoulement*

Les durées d'écoulement prévisionnelles sont fournies par les services compétents, ou bien sont calculées à partir des ***ratios de rotation*** prévisionnels.

| Éléments (besoins) | Temps d'écoulement (TE) |
|---|---|
| Stocks de marchandises | $\frac{\text{Stock moyen de marchandises}}{\text{Coût d'achat des marchandises vendues}} \times 360 \text{ j}$ |
| Stocks de matières | $\frac{\text{Stock moyen de marchandises}}{\text{Coût d'achat des matières consommées}} \times 360 \text{ j}$ |

| Éléments (besoins) | Temps d'écoulement (TE) |
|---|---|
| Stocks de produits finis | $\frac{\text{Stock moyen de produits finis}}{\text{Coût de production des produits finis vendus}} \times 360\ j$ |
| Crédit clients | $\frac{\text{Créances clients + comptes rattachés}}{\text{Chiffre d'affaires annuel toutes taxes comprises}} \times 360\ j$<br>Si les règlements clients sont fractionnés, il faut calculer une moyenne.<br>Par exemple : 40 % à 30 j et 60 % à 60 j<br>Soit : TE = (30 x 40 %) + (60 x 60 %) = 12 + 36 = 48 j |
| TVA déductible | 15 jours de temps d'écoulement moyen + délai de paiement |

| Éléments (ressources) | Temps d'écoulement (TE) |
|---|---|
| Crédit fournisseurs | $\frac{\text{Dettes fournisseurs + comptes rattachés}}{\text{Achats toutes taxes comprises}} \times 360\ j$<br>En cas de paiements fractionnés, une moyenne sera calculée. |
| TVA collectée | 15 jours de temps d'écoulement moyen + délai de paiement |
| Personnel | |
| Organismes sociaux | |

**À NOTER** • Le nombre de jours d'activité peut être inférieur à 360 jours ; par exemple, si l'entreprise ferme un mois le nombre de jours d'activité est de 330 jours.

## *B – Le calcul des coefficients de structure*

Le calcul des coefficients de structure sert à exprimer les temps d'écoulement en une *même unité* :
– *en jours* de chiffre d'affaires hors taxes pour les éléments variables ;
– *en valeur* pour les éléments fixes.

| Éléments (besoins) | Coefficients de structure pour les éléments variables |
|---|---|
| Stocks de marchandises | $\frac{\text{Coût d'achat des marchandises vendues}}{\text{Chiffre d'affaires hors taxes}}$ |
| Stocks de matières | $\frac{\text{Coût d'achat des matières consommées}}{\text{Chiffre d'affaires hors taxes}}$ |

| Éléments (besoins) | Coefficients de structure pour les éléments variables |
|---|---|
| Stocks de produits finis | $\frac{\text{Coût de production des produits vendus}}{\text{Chiffre d'affaires hors taxes}}$ |
| Crédit clients | $\frac{\text{Chiffre d'affaires toutes taxes comprises}}{\text{Chiffre d'affaires hors taxes}}$ |
| TVA déductible | $\frac{\text{Achats hors taxes x Taux de TVA}}{\text{Chiffre d'affaires hors taxes}}$ |

| Éléments (ressources) | Coefficients de structure pour les éléments variables |
|---|---|
| Crédit fournisseurs | $\frac{\text{Achats toutes taxes comprises}}{\text{Chiffre d'affaires hors taxes}}$ |
| TVA collectée | $\frac{\text{Chiffre d'affaires hors taxes x Taux de TVA}}{\text{Chiffre d'affaires hors taxes}}$ |
| Personnel | $\frac{\text{Salaires nets}}{\text{Chiffre d'affaires hors taxes}}$ |
| Organismes sociaux | $\frac{\text{Charges salariales + charges patronales}}{\text{Chiffre d'affaires hors taxes}}$ |

Les coefficients de structure relatifs aux éléments fixes sont calculés de la manière suivante :

$$\frac{\text{Charges fixes annuelles concernées}}{\text{360 j}}$$

**À NOTER •** Pour le calcul des coefficients de structure, le dénominateur est toujours le montant du chiffre d'affaires hors taxes lorsqu'il s'agit d'éléments variables et toujours le nombre de jours d'activité lorsqu'il s'agit d'éléments fixes.

## C – La présentation des calculs

Il est recommandé de présenter les éléments de calcul du besoin en fonds de roulement d'exploitation normatif dans un ***tableau*** récapitulatif, présenté ci-dessous :

| **Éléments** | **TE** | **Coefficients de structure** | | **Besoins** | | **Ressources** | |
|---|---|---|---|---|---|---|---|
| | **(1)** | Pour 1 € de CA HT **(2)** | Montant par jour **(3)** | En nombre de jours | En valeur | En nombre de jours | En valeur |
| Stocks<br>...............<br>Fournisseurs | | | | **(1) x (2)** | **(1) x (3)** | **(1) x (2)** | **(1) x (3)** |
| Totaux | | | | A | B | C | D |
| **Besoin en fonds de roulement d'exploitation normatif = (A – C) + (B – D)** | | | | | | | |

**Exemple**

L'entreprise Picard vous communique les renseignements ci-dessous :

**Annexe 1**

| | | |
|---|---|---|
| Achats de matières premières | : | 53 250 |
| Stock initial | : | 2 250 |
| Stock final | : | 3 000 |
| Charges de production | : | 120 000 |
| Production vendue | : | 375 000 |
| Stock initial de produits | : | 15 000 |
| Stock final de produits | : | 25 000 |
| Charges fixes globales : | | |
| • salaires nets | : | 62 000 |
| • charges sociales | : | 44 640 |

**Annexe 2**

| | | |
|---|---|---|
| Durée du crédit clients TTC | : | 60 jours |
| Durée du crédit fournisseurs TTC | : | 40 jours |
| Taux de TVA unique | : | 20 % |

La TVA est payée le 20 de chaque mois.

La TVA déductible concerne les achats de matières premières et 30 % des charges de production.

Les salaires nets sont payés le dernier jour du mois ; les charges sociales le 13 du mois suivant.

Le nombre de jours d'activité s'élève à 360 jours.

*Calculer le besoin en fonds de roulement normatif en jours de chiffre d'affaires hors taxes et en valeur, en distinguant les éléments variables et les éléments fixes.*

*Estimer en euros le besoin de fonds de roulement supplémentaire si le chiffre d'affaires augmente de 30 %.*

***Le tableau du besoin en fonds de roulement d'exploitation normatif*** se présente comme suit :

| **Éléments** | **TE** | **Coefficients de structure** | | **Besoins** | | **Ressources** | |
|---|---|---|---|---|---|---|---|
| | | Pour 1 € de CAHT | Montant par jour | En nombre de jours | En valeur | En nombre de jours | En valeur |
| Stocks de matières premières | 18 (1) | 0,14 (7) | | 18 x 0,14 = 2,52 | | | |
| Stocks de produits finis | 44 (2) | 0,43 (8) | | 44 x 0,43 = 18,92 | | | |
| Clients | 60 | 1,20 (9) | | 60 x 1,20 = 72 | | | |
| TVA déductible | 35 (3) | 0,048 (10) | | 35 x 0,048 = 1,68 | | | |
| Fournisseurs | 40 | 0,286 (11) | | | | 40 x 0,286 = 11,44 | |
| TVA collectée | 35 (4) | 0,20 (12) | | | | 35 x 0,20 = 7 | |
| Personnel | 15 (5) | | 172,22 (13) | | | | 15 x 172,22 = 2 583,30 |
| Organismes sociaux | 28 (6) | | 124,00 (14) | | | | 28 x 124,00 = 3 472,00 |
| | | | | 95,12 jours | | 18,44 jours | 6 055,30 € |
| **BFRE normatif** = (95,12 j – 18,44 j) – 6 055,30 €<br>76,68 j de CAHT – 6 055,30 € | | | | | | | |

(1) $\dfrac{(2\,250 + 3\,000)/2}{53\,250 + 2\,250 - 3\,000} \times 360 \text{ j} = \dfrac{2\,625}{52\,500} \times 360 = 18$

(2) $\dfrac{(15\,000 + 25\,000)/2}{52\,500 + 120\,000 + 15\,000 - 25\,000} \times 360 \text{ j} = \dfrac{20\,000}{162\,500} \times 360 = 44$

(3) 15 + 20 = 35

(4) 15 + 20 = 35

(5) 30/2 = 15

(6) 15 + 13 = 28

(7) $\dfrac{52\,500}{375\,000} = 0{,}14$

(8) $\dfrac{162\,500}{375\,000} = 0{,}43$

(9) $\dfrac{375\,000 \times 1{,}20}{375\,000} = 1{,}20$

(10) $\dfrac{53\,250 + (120\,000 \times 30\ \%)}{375\,000} \times 0{,}20 = 0{,}048$

(11) $\dfrac{[53\,250 + (120\,000 \times 30\ \%)]\ 1{,}20}{375\,000} = 0{,}286$

(12) $\dfrac{375\,000 \times 0{,}20}{375\,000} = 0{,}20$

(13) $\dfrac{62\,000}{360} = 172{,}22$

(14) $\dfrac{44\,640}{360} = 124$

***Le montant du besoin en fonds de roulement normatif*** est de :

$$\frac{375\,000 \times 76{,}68}{360} - 6\,055{,}30 = 73\,819{,}70\ €$$

L'estimation en euros du ***nouveau besoin en fonds de roulement normatif*** est la suivante :

– nouveau chiffre d'affaires :

$$375\,000 \times 1{,}30 = 487\,500\ €$$

– besoin en fonds de roulement d'exploitation normatif pour un chiffre d'affaires hors taxes de 487 500 € :

$$\frac{487\,500 \times 76{,}68}{360} - 6\,055{,}30 = 97\,782{,}20\ €$$

# L'analyse dynamique de la trésorerie

Chapitre **22**

## 1 Généralités

La trésorerie est un indicateur de gestion fondamental pour l'entreprise. L'analyse de son état et de son évolution permet d'apprécier la ***santé financière*** de l'entreprise :

– situation saine ;

– difficultés conjoncturelles ou structurelles ;

– défaillance.

L'étude des flux de trésorerie est un complément indispensable du tableau de financement afin d'analyser les encaissements et les décaissements réalisés par l'entreprise au cours d'une période et d'en déduire son degré de ***solvabilité*** ainsi que ses ***besoins de financement***.

Les flux de trésorerie issus des résultats sont révélateurs de la ***stratégie*** et des ***potentialités*** de l'entreprise :

**L'analyse dynamique de la trésorerie**

↓

permet d'apprécier

↓

**la cohérence des choix stratégiques effectués par l'entreprise**

↓ Capacité à ***générer des liquidités*** à partir des résultats dégagés au cours de l'exercice.

↓ Faculté à ***maintenir***, après avoir couvert divers prélèvements non différés, ***un solde de trésorerie*** compatible avec les investissements nets à effectuer.

**Face à un contexte économique difficile**

*Dans la situation d'une reprise économique fragile, il est indispensable de mener une analyse rigoureuse des flux de trésorerie en prenant soin :*

- *d'intégrer les évolutions les plus récentes de la situation de l'entreprise et de son environnement ;*
- *de prendre en compte les effets des délais de paiement imposés par la loi de modernisation de l'économie ;*
- *de réaliser des simulations à court terme selon plusieurs hypothèses d'activité afin d'apprécier la fiabilité des mesures envisagées ;*
- *d'analyser mensuellement les écarts entre les prévisions et les réalisations.*

*L'objectif majeur est de maintenir un climat de confiance avec les partenaires financiers.*

*Le présent chapitre et le suivant (voir page 207) présentent les outils de gestion nécessaires à la mise en œuvre d'une gestion de trésorerie efficace.*

## 2 L'excédent de trésorerie d'exploitation (ETE)

### A – Définition

Il est intéressant de mesurer la trésorerie qu'a pu ***sécréter l'activité première*** de l'entreprise.

L'excédent de trésorerie d'exploitation (ETE) représente la trésorerie générée par ***l'activité d'exploitation*** de l'entreprise (opérations liées au cycle d'exploitation) au cours d'un exercice.

L'excédent de trésorerie d'exploitation permet :

**D'apprécier** → la politique commerciale de l'entreprise à travers sa capacité à produire de la trésorerie.

**De mesurer** → la trésorerie générée par l'activité d'exploitation.

**D'affiner** → l'analyse de l'équilibre financier de l'entreprise.

**De juger** → la capacité de l'entreprise à financer sa politique de croissance sans faire appel au financement externe.

**De prévenir** → les risques de défaillance.

Précisons que l'excédent de trésorerie est ***indépendant des choix comptables*** opérés par l'entreprise (politique d'amortissement, méthode d'évaluation des stocks...).

La notion d'excédent de trésorerie d'exploitation est également un outil d'analyse ***prévisionnel***.

Il est utile que l'entreprise détermine le ***niveau*** d'excédent de trésorerie d'exploitation nécessaire pour ***couvrir*** le coût des emprunts, l'impôt sur les sociétés, le remplacement des immobilisations usagées (en cas d'autofinancement), la rémunération des associés.

L'excédent de trésorerie d'exploitation est un concept important pour ***cerner*** et ***prévenir*** les difficultés de l'entreprise.

Un excédent de trésorerie d'exploitation ***négatif*** traduit une situation critique et une rentabilité insuffisante puisque le flux net de trésorerie dégagé par l'exploitation ne suffit pas à financer la variation du besoin en fonds de roulement d'exploitation.

## B – Les modalités de calcul

Il existe deux modes de calcul.

### 1) Premier mode

L'excédent de trésorerie d'exploitation est calculé à partir de données fournies par le ***bilan*** et le ***compte de résultat*** :

**Excédent de trésorerie d'exploitation**
**Flux nets de trésorerie dégagés par l'activité d'exploitation**

| **Encaissements d'exploitation** | **–** | **Décaissements d'exploitation** |
|---|---|---|
| Produits d'exploitation encaissables | | Charges d'exploitation décaissables |
| + Créances d'exploitation au 31/12/N – 1 | | + Dettes d'exploitation au 31/12/N –1 |
| – Créances d'exploitation au 31/12/N | | – Dettes d'exploitation au 31/12/N |

## 2) Deuxième mode

L'excédent de trésorerie d'exploitation est calculé à partir d'***indicateurs de gestion*** de l'analyse financière :

**Excédent de trésorerie d'exploitation**
**Part de l'excédent brut d'exploitation transformée en liquidités**

**Excédent brut d'exploitation « N »** — **Δ du besoin en fonds de roulement d'exploitation**

Produits d'exploitation encaissables
– Charges d'exploitation décaissables

Δ Stocks + Δ Créances d'exploitation
– Δ Dettes d'exploitation

**Exemple**

L'entreprise Prestige fournit les renseignements suivants :

– l'excédent brut d'exploitation de l'exercice N s'élève à 210 000 € ;

– les variations relatives aux éléments du besoin en fonds de roulement d'exploitation sont :

| Éléments | Exercice N – 1 | Exercice N |
|---|---|---|
| Stocks | 400 000 | 430 000 |
| Créances d'exploitation | 540 000 | 590 000 |
| Dettes d'exploitation | 730 000 | 770 000 |

*Calculer l'excédent de trésorerie d'exploitation dégagé par cette entreprise.*

***Excédent de trésorerie d'exploitation*** :

Δ BFRE = [(Δ Stocks) + (Δ Créances d'exploitation)] – (Δ Dettes d'exploitation)
= [(430 000 – 400 000) + (590 000 – 540 000)] – (770 000 – 730 000)
= 40 000

| | | |
|---|---|---|
| | Excédent brut d'exploitation | 210 000 |
| – | Δ BFRE | 40 000 |
| = | **Excédent de trésorerie d'exploitation** | **170 000** |

L'excédent brut d'exploitation a permis à la fois de financer la croissance du besoin en fonds de roulement d'exploitation et de dégager un flux de trésorerie positif.

### 3) L'effet de ciseaux

Une forte croissance du chiffre d'affaires a pour conséquence une augmentation de l'excédent brut d'exploitation mais également du besoin en fonds de roulement d'exploitation. Or une croissance du besoin en fonds de roulement d'exploitation supérieure à celle de l'excédent brut d'exploitation peut conduire à des difficultés de trésorerie dans la mesure où l'excédent brut d'exploitation ne suffit pas à financer le besoin de financement du cycle d'exploitation.

L'effet de ciseaux est le ***seuil au-delà duquel la croissance du chiffre d'affaires tend à détériorer la trésorerie***.

L'effet de ciseaux est atteint lorsque :

ETE = 0

ou

EBE = Δ BFRE

Il peut être représenté graphiquement de la manière suivante :

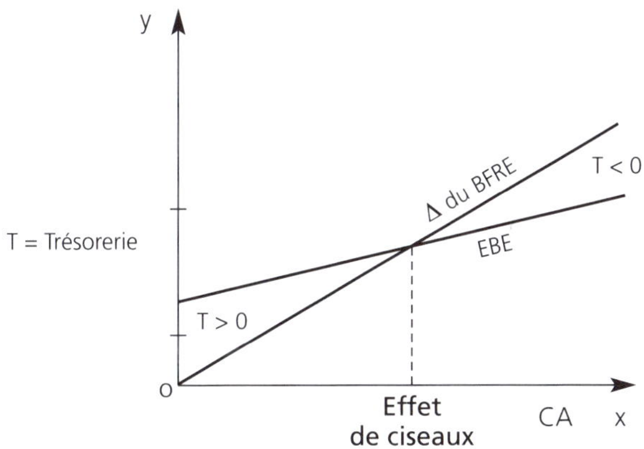


L'effet de ciseaux est utilisé aussi bien au niveau du diagnostic pour constater la crise de croissance qu'au niveau prévisionnel pour la prévenir.

Plusieurs solutions s'offrent à l'entreprise pour réagir *a posteriori* ou *a priori* :

– ralentir la croissance ;

– réduire le besoin en fonds de roulement d'exploitation ;

– négocier auprès des établissements de crédit ;

– augmenter les prix de vente ;

– …

## 3 Le tableau des flux de trésorerie

### A – Généralités

Le tableau des flux de trésorerie est un document de synthèse qui fait partie de l'annexe consolidée dont l'objectif est d'***expliquer la variation de trésorerie***. Il renseigne sur les encaissements et les décaissements réalisés au cours d'une période.

Le tableau des flux de trésorerie permet :

**D'apprécier** → les conséquences des choix stratégiques des dirigeants sur la trésorerie de l'entreprise.

**D'évaluer** → la solvabilité de l'entreprise.

**De juger** → de l'aptitude de l'entreprise à générer de la trésorerie, à faire face à ses obligations, à financer sa politique de croissance sans avoir recours au financement externe.

**D'analyser** → l'origine de l'excédent ou du déficit de trésorerie.

**D'étudier** → l'utilisation des ressources de trésorerie.

**De mesurer** → le besoin de financement externe.

**D'effectuer** → des prévisions.

### B – Définition de la trésorerie

Avant d'élaborer un tableau des flux de trésorerie, il est utile de connaître les éléments constitutifs de la trésorerie. Elle est composée uniquement des ***rubriques concernées du bilan***, ce qui exclut les éléments hors bilan, notamment les effets escomptés non échus.

Le calcul de la trésorerie nette s'effectue de la manière suivante :

| | |
|---|---|
| **Trésorerie active** → | Comptes de caisse.<br>Comptes à vue.<br>Comptes à terme et intérêts courus non échus qui s'y rattachent venant à échéance dans un délai maximum de 3 mois à compter de leur ouverture.<br>SICAV et FCP.<br>Obligations acquises moins de trois mois avant leur échéance. |
| **–** | |
| **Trésorerie passive** → | Soldes créditeurs de banque correspondant à des découverts temporaires et intérêts courus non échus qui s'y rattachent.<br>Comptes courants avec des entreprises liées, lorsqu'ils résultent d'opérations de trésorerie. |
| **=** | |
| **Trésorerie nette** | |

## C – La structure du tableau des flux de trésorerie

Le tableau des flux de trésorerie fait apparaître trois catégories de flux de trésorerie classés selon leur fonction, ainsi que la variation de trésorerie qui en découle.

### 1) Les flux de trésorerie

| | |
|---|---|
| **Flux de trésorerie liés à l'activité** → | Encaissements et décaissements liés au cycle d'exploitation, aux charges et produits financiers et exceptionnels, à la participation des salariés et à l'impôt sur les sociétés. |
| **Flux de trésorerie liés aux opérations d'investissement** → | Encaissements et décaissements destinés à acquérir ou à céder des biens ou des créances classés en immobilisations, une part du capital d'autres entreprises ; à consentir ou à obtenir le remboursement de prêts ou d'avances. |
| **Flux de trésorerie liés aux opérations de financement** → | Encaissements et décaissements liés au financement externe de l'entreprise (augmentation de capital, nouveaux emprunts, subventions d'investissement, remboursements d'emprunts, dividendes…). |

Pour chaque catégorie de flux un solde, intitulé ***flux net***, est calculé par différence entre les encaissements et les décaissements concernés. Il permet de mesurer la contribution de chaque fonction à la formation de la variation de trésorerie.

## 2) La variation de trésorerie

La variation de trésorerie est déterminée de deux manières :

**Variation de trésorerie**

| **Par la somme des flux nets** | **Par la différence entre la trésorerie de clôture et d'ouverture** |
|---|---|
| Flux net de trésorerie généré par l'activité<br>+ Flux net de trésorerie lié aux opérations d'investissement<br>+ Flux net de trésorerie lié aux opérations de financement | Trésorerie à la clôture<br>– Trésorerie à l'ouverture |

L'équilibre financier de l'entreprise est estimé d'arès sa capacité à générer des flux de trésorerie positifs à partir de ses activités.

## *D – Les modèles du tableau des flux de trésorerie*

L'ancien Comité de la règlementation comptable, remplacé par l'Autorité des normes comptables (ANC), a prévu deux modèles applicables indifféremment aux comptes individuels et aux comptes consolidés en référentiel français :

| **Modèle 1 : À partir du résultat net et mise en évidence de la marge brute d'autofinancement** | **Modèle 2 : À partir du résultat d'exploitation et mise en évidence du flux net de trésorerie d'exploitation** |
|---|---|
| Le flux net de trésorerie généré par l'activité est calculé à partir du ***résultat net*** en éliminant de ce résultat les charges et les produits sans incidence sur la trésorerie (sauf les dotations et les reprises sur dépréciations des actifs circulants) pour mettre en évidence ***la marge brute d'autofinancement*** (trésorerie potentielle) puis, en déduisant de celle-ci la variation du besoin en fonds de roulement lié à l'activité (en valeurs nettes). | Le flux net de trésorerie généré par l'activité est calculé à partir du ***résultat d'exploitation*** en éliminant de ce résultat les charges et les produits d'exploitation sans incidence sur la trésorerie (sauf les dotations et les reprises sur dépréciations des actifs circulants) pour déterminer ***le résultat brut d'exploitation*** puis, en déduisant de ce résultat la variation du besoin en fonds de roulement d'exploitation (en valeurs nettes) afin de mettre en évidence ***le flux net de trésorerie d'exploitation***. |

Ces deux modèles sont présentés ci-dessous et page suivante.

**Tableau des flux de trésorerie établi à partir du résultat net des entreprises intégrées (modèle 1)**

| | |
|---|---|
| **Flux de trésorerie liés à l'activité** | |
| Résultat net des sociétés intégrées | |
| *Élimination des charges et produits sans incidence sur la trésorerie ou non liés à l'activité :* | |
| *– Amortissements, dépréciations et provisions (1)* | |
| – Variation des impôts différés | |
| – Plus-values de cession, nettes d'impôt | |
| Marge brute d'autofinancement des entreprises intégrées | |
| Dividendes reçus des sociétés mises en équivalence* | |
| Variation du besoin en fonds de roulement lié à l'activité (2) | |
| **Flux net de trésorerie généré par l'activité** | |
| **Flux de trésorerie liés aux opérations d'investissement** | |
| Acquisitions d'immobilisations | |
| Cessions d'immobilisations, nettes d'impôt | |
| Incidence des variations de périmètre (3)* | |
| **Flux net de trésorerie lié aux opérations d'investissement** | |
| **Flux de trésorerie liés aux opérations de financement** | |
| Dividendes versés aux actionnaires de la société-mère* | |
| Dividendes versés aux minoritaires des sociétés intégrées* | |
| Augmentations de capital en numéraire | |
| Émissions d'emprunts | |
| Remboursements d'emprunts | |
| **Flux net de trésorerie lié aux opérations de financement** | |
| **VARIATION DE TRÉSORERIE** | |
| Trésorerie d'ouverture | |
| Trésorerie de clôture | |
| Incidence des variations de cours des devises* | |

(1) À l'exclusion des dépréciations sur actif circulant.
(2) À détailler par grandes rubriques (stocks, créances d'exploitation, dettes d'exploitation).
(3) Prix d'achat ou de vente augmenté ou diminué de la trésorerie acquise ou versée. À détailler dans une note annexe.

* Rubrique propre au tableau consolidé.

**Tableau des flux de trésorerie
établi à partir du résultat d'exploitation des entreprises intégrées (modèle 2)**

| | |
|---|---|
| **Flux de trésorerie liés à l'activité** | |
| Résultat d'exploitation des entreprises intégrées | |
| *Élimination des charges et produits sans incidence sur la trésorerie :* | |
| *– Amortissements, dépréciations et provisions (1)* | |
| Résultat brut d'exploitation | |
| Variation du besoin en fonds de roulement d'exploitation (2) | |
| Flux net de trésorerie d'exploitation | |
| Autres encaissements et décaissements liés à l'activité : | |
| *– Frais financiers* | |
| *– Produits financiers* | |
| *– Dividendes reçus des sociétés mises en équivalence** | |
| *– Impôt sur les sociétés, hors impôt sur les plus-values de cession* | |
| *– Charges et produits exceptionnels liés à l'activité* | |
| *– Autres* | |
| **Flux net de trésorerie généré par l'activité** | |
| **Flux de trésorerie liés aux opérations d'investissement** | |
| Acquisitions d'immobilisations | |
| Cessions d'immobilisations, nettes d'impôt | |
| Incidence des variations de périmètre (3)* | |
| **Flux net de trésorerie lié aux opérations d'investissement** | |
| **Flux de trésorerie liés aux opérations de financement** | |
| Dividendes versés aux actionnaires de la société-mère* | |
| Dividendes versés aux minoritaires des sociétés intégrées* | |
| Augmentations de capital en numéraire | |
| Émissions d'emprunts | |
| Remboursements d'emprunts | |
| **Flux net de trésorerie lié aux opérations de financement** | |
| **VARIATION DE TRÉSORERIE** | |
| Trésorerie d'ouverture | |
| Trésorerie de clôture | |
| Incidence des variations de cours des devises* | |

(1) À l'exclusion des dépréciations sur actif circulant.
(2) À détailler par grandes rubriques (stocks, créances d'exploitation, dettes d'exploitation).
(3) Prix d'achat ou de vente augmenté ou diminué de la trésorerie acquise ou versée. À détailler dans une note annexe.

* Rubrique propre au tableau consolidé.

## E – L'interprétation des flux nets de trésorerie

Dans son avis 30, l'Ordre des experts-comptables fournit une analyse des trois flux nets :

**Flux net de trésorerie généré par l'activité** →

Le flux net de trésorerie généré par l'activité est un ***indicateur essentiel*** qui permet d'apprécier la capacité de l'entreprise à rembourser les emprunts, à payer les dividendes et à procéder à de nouveaux investissements sans faire appel à des sources de financement externes.

Le niveau et l'évolution dans le temps de ce flux informe :
- sur le ***degré de maîtrise*** dont dispose l'entreprise sur les mouvements de trésorerie, dans l'exercice de son activité ;
- sur le ***risque de défaillance*** ;
- sur la ***cohérence des politiques*** d'investissement et de financement.

**Flux net de trésorerie lié à l'investissement** →

Les composantes du flux net de trésorerie lié à l'investissement permettent de mesurer les sommes consacrées au ***renouvellement et au développement*** des activités de l'entreprise en vue de maintenir ou d'accroître le niveau des flux futurs de trésorerie.

En principe, le renouvellement d'un investissement doit être financé grâce à la trésorerie disponible alors qu'un investissement de croissance peut être financé par un emprunt.

**Flux net de trésorerie lié au financement** →

L'analyse des éléments constituant le flux net lié au financement permet :
- d'identifier les ***sources de financement*** (augmentation des fonds propres, de l'endettement) et les décaissements correspondants (distributions de dividendes, remboursements d'emprunts) ;
- d'apprécier le ***mode de couverture*** du besoin de financement externe selon son origine (investissements, flux net négatif généré par l'activité) ;
- de mesurer la ***qualité des arbitrages*** financiers dans l'optique d'améliorer la rentabilité financière de l'entreprise.

**Exemple**

La société Bertho, spécialisée dans la couverture zinguerie, vous fournit le tableau de financement ainsi que des données tirées des comptes annuels.

**Tableau de financement**

| EMPLOIS | Exercice N | Exercice N – 1 | RESSOURCES | Exercice N | Exercice N – 1 |
|---|---|---|---|---|---|
| Distributions mises en paiement au cours de l'exercice | 950 000 | | Capacité d'autofinancement de l'exercice | 4 432 000 | |
| Acquisitions d'éléments de l'actif immobilisé : | | | Cessions ou réductions d'éléments de l'actif immobilisé : | | |
| Immobilisations incorporelles | 68 000 | | Cessions d'immobilisations : | | |
| Immobilisations corporelles | 6 032 000 | | – incorporelles | | |
| Immobilisations financières | 40 000 | | – corporelles | 630 000 | |
| Charges à répartir sur plusieurs exercices **(a)** | | | Cessions ou réductions d'immobilisations financières | 4 500 | |
| Réduction des capitaux propres (réduction de capital, retraits) | | | Augmentation des capitaux propres : | | |
| | | | Augmentation de capital ou apports | | |
| Remboursements de dettes financières **(b)** | 4 000 000 | | Augmentation des autres capitaux propres | | |
| | | | Augmentation des dettes financières **(b) (c)** | 6 400 000 | |
| **Total des emplois** | 11 090 000 | | **Total des ressources** | 11 466 500 | |
| Variation du fonds de roulement net global (ressource nette) | 376 500 | | Variation du fonds de roulement net global (emploi net) | | |

***(a)*** Montant brut transféré au cours de l'exercice.
***(b)*** Sauf concours bancaires courants et soldes créditeurs de banques.
***(c)*** Hors primes de remboursement des obligations.

| Variation du fonds de roulement net global | Exercice N | | | Exercice N –1 |
|---|---|---|---|---|
| | Besoins 1 | Dégagement 2 | Solde 2 – 1 | Solde |
| **Variation « Exploitation »** | | | | |
| Variation des actifs d'exploitation : | | | | |
| Stocks et en-cours | 580 000 | | | |
| Avances et acomptes versés sur commandes | | | | |
| Créances Clients, Comptes rattachés et autres créances d'exploitation **(a)** | 1 728 000 | | | |
| Variation des dettes d'exploitation : | | | | |
| Avances et acomptes reçus sur commandes en cours | | | | |
| Dettes Fournisseurs, Comptes rattachés et autres dettes d'exploitation **(b)** | | 2 200 000 | | |
| **Totaux** | 2 308 000 | 2 200 000 | | |
| A. Variation nette « Exploitation » : **(c)** | | | – 108 000 | |
| **Variation « Hors exploitation »** | | | | |
| Variation des autres débiteurs **(a) (d)** | | | | |
| Variation des autres créditeurs **(b)** | | 214 000 | | |
| **Totaux** | | 214 000 | | |
| B. Variation nette « Hors exploitation » **(c)** | | | 214 000 | |
| **Total A +B :** | | | | |
| Besoins de l'exercice en fonds de roulement | | | | |
| ou | | | | |
| Dégagement net de fonds de roulement dans l'exercice | | | 106 000 | |
| **Variation « Trésorerie »** | | | | |
| Variation des disponibilités | 52 000 | | | |
| Variation des concours bancaires courants et soldes créditeurs de banques | 430 500 | | | |
| **Totaux** | 482 500 | | | |
| C. Variation nette « Trésorerie » **(c)** | | | – 482 500 | |
| **Variation du fonds de roulement net global** | | | | |
| **(Total A +B + C) :** | | | | |
| **Emploi net** | | | – 376 500 | |
| ou | | | | |
| **Ressource nette** | | | | |

***(a)*** Y compris charges constatées d'avance selon leur affectation à l'exploitation ou non.

***(b)*** Y compris produits constatés d'avance selon leur affectation à l'exploitation ou non.

***(c)*** Les montants sont assortis du signe (+) lorsque les dégagements l'emportent sur les besoins et du signe (–) dans le cas contraire.

***(d)*** Y compris valeurs mobilières de placement.

Nota : Cette partie II du tableau peut être adaptée au système de base. Dans ce cas, les variations portent sur l'ensemble des éléments ; aucune distinction n'est faite entre exploitation et hors exploitation.

Les renseignements complémentaires sont les suivants :

| | |
|---|---|
| – trésorerie à l'ouverture : | – 865 375 € |
| – trésorerie à la clôture : | – 382 875 € |
| – résultat net de l'exercice : | 2 612 000 € |
| – dotations aux amortissements : | 1 820 000 € |
| – dotations aux dépréciations des stocks et des créances : | 790 000 € |
| – dotations aux provisions : | 40 000 € |
| – reprises sur dépréciations des stocks et des créances : | 570 000 € |
| – plus-value sur cessions d'une immobilisation : | 260 000 € |
| – variation des dettes sur immobilisations : | 200 000 € |

Il n'existe aucun effet escompté non échu et les soldes créditeurs de banques ont un caractère temporaire.

*Présenter et commenter le tableau des flux de trésorerie d'après le modèle 1.*

*Le tableau des flux de trésorerie d'après le modèle 1* est le suivant :

| | | |
|---|---|---|
| **Flux de trésorerie liés à l'activité** | | |
| Résultat net des sociétés intégrées | 2 612 200 | |
| Élimination des charges et produits sans incidence sur la trésorerie ou non liés à l'activité : | | |
| – Amortissements, dépréciations et provisions (1) | + 1 860 000 | *(a)* |
| – Variation des impôts différés | | |
| – Plus-values de cession, nettes d'impôt | – 260 000 | |
| Marge brute d'autofinancement des entreprises intégrées | 4 212 000 | |
| Dividendes reçus des sociétés mises en équivalence* | | |
| Variation du besoin en fonds de roulement lié à l'activité (2) | – (– 126 000) | *(b)* |
| **Flux net de trésorerie généré par l'activité** | 4 338 000 | |
| **Flux de trésorerie liés aux opérations d'investissement** | | |
| Acquisitions d'immobilisations | – 5 940 000 | *(c)* |
| Cessions d'immobilisations, nettes d'impôt | + 634 500 | |
| Incidence des variations de périmètre (3)* | | |
| **Flux net de trésorerie lié aux opérations d'investissement** | – 5 305 500 | |
| **Flux de trésorerie liés aux opérations de financement** | | |
| Dividendes versés aux actionnaires de la société-mère* | – 950 000 | |
| Dividendes versés aux minoritaires des sociétés intégrées* | | |
| Augmentations de capital en numéraire | | |
| Émissions d'emprunts | + 6 400 000 | |
| Remboursements d'emprunts | – 4 000 000 | |
| **Flux net de trésorerie lié aux opérations de financement** | 1 450 000 | |
| **VARIATION DE TRÉSORERIE** | 482 500 | *(d)* |
| Trésorerie d'ouverture | – 865 375 | |
| Trésorerie de clôture | – 382 875 | |
| Incidence des variations de cours des devises* | | |

(1) À l'exclusion des dépréciations sur actif circulant.
(2) À détailler par grandes rubriques (stocks, créances d'exploitation, dettes d'exploitation).
(3) Prix d'achat ou de vente augmenté ou diminué de la trésorerie acquise ou versée. À détailler dans une note annexe.

* Rubrique propre au tableau consolidé.

a) Amortissements, dépréciations et provisions

1 820 000 + 40 000 = 1 860 000 €

b) Variation du besoin en fonds roulement lié à l'activité

| | | |
|---|---|---|
| Variation du BFRE d'après le tableau de financement | : | 108 000 |
| Dotations aux dépréciations des stocks et créances | : | – 790 000 |
| Reprises sur dépréciations des stocks et créances | : | + 570 000 |
| Variation des autres créditeurs (214 000 – 200 000) | : | – 14 000 |
| | = | – 126 000 |

c) Acquisition des immobilisations

(68 000 + 6 032 000 + 40 000) – 200 000 = 5 940 000 €

d) Variation de trésorerie

(4 338 000) + (– 5 305 500) + (1 450 000) = 482 500 €

***Commentaire des flux nets de trésorerie*** :

L'activité de l'entreprise dégage un flux de trésorerie positif dû à une forte marge brute d'autofinancement et a un dégagement en fonds de roulement d'exploitation. Toutefois, il s'avère insuffisant pour couvrir les investissements. Le besoin de financement qui en découle est assuré par l'emprunt.

La trésorerie s'est améliorée puisque le découvert bancaire a largement diminué.

# Le budget de trésorerie

Chapitre **23**

## 1 Généralités

Le budget de trésorerie est un ***état prévisionnel des flux de trésorerie*** (rentrées et sorties de liquidités).

Il est le reflet des éléments fournis par les autres budgets de l'entreprise, tels que le budget des investissements, le budget des ventes, le budget des achats…

Le budget de trésorerie permet :

- **D'établir** → la situation prévisionnelle de trésorerie (banque, caisse, banque postale) afin de prémunir l'entreprise contre tout risque de cessation de paiement.
- **D'équilibrer** → tout au long de la période concernée les encaissements et les décaissements.
- **De prévoir** → le besoin de financement externe à court terme et les ressources de financement les mieux adaptées pour le couvrir.
- **De déterminer** → le minimum de liquidités nécessaires à l'entreprise en fonction de ses objectifs.
- **De synthétiser** → l'ensemble des actions de l'entreprise.
- **De porter** → un jugement sur la politique générale de l'entreprise.

Le budget de trésorerie est élaboré généralement ***mois par mois*** pour une période de 12 mois.

## 2 La structure du budget de trésorerie

Le budget de trésorerie est constitué de ***trois*** tableaux :

**Le tableau des encaissements prévisionnels**

Encaissements ***de la période*** relatifs aux opérations réalisées :
- au cours de la ***même*** période (ventes au comptant…) ;
- au cours des périodes ***précédentes*** (règlement des créances clients…).

**Le tableau des décaissements prévisionnels**

Décaissements ***de la période*** relatifs aux opérations réalisées :
- au cours de la ***même*** période (ventes au comptant…) ;
- au cours des périodes ***précédentes*** (paiement des dettes fournisseurs…).

**Le tableau de la situation de trésorerie**

- le montant total des encaissements ***par période*** ;
- le montant total des décaissements ***par période*** ;
- les soldes de ***chaque période*** ;
- les soldes à la ***fin de chaque période*** compte tenu du solde initial.

**À NOTER** • Les opérations de la période dont les encaissements et les décaissements interviendront lors des périodes suivantes constituent des créances ou des dettes prévisionnelles qui figureront dans le bilan prévisionnel.

Pour chaque tableau, les encaissements ou les décaissements peuvent être classés en opérations d'***exploitation*** et en opérations ***hors exploitation***.

La ***TVA à décaisser*** fait l'objet d'une attention particulière :

| | |
|---|---|
| | TVA collectée sur les ventes du mois **M – 1** |
| + | TVA sur acquisitions et achats de prestations intracommunautaires du mois **M – 1** |
| – | TVA déductible sur les acquisitions d'immobilisations du mois **M – 1*** |
| – | TVA déductible sur les autres biens et services du mois **M – 1***<br>(y compris sur les acquisitions et les achats de prestations intracommunautaires) |
| **=** | **TVA à décaisser pour le mois M – 1** |

* L'entreprise peut exercer son droit à déduction dès lors qu'elle possède le document justificatif (facture…) à la date limite de dépôt de la déclaration de TVA. Cette décision permet de déduire la TVA un mois plus tôt et donc d'améliorer la trésorerie.

Son calcul nécessite, le plus souvent, l'élaboration d'un tableau particulier.

## 3 La présentation des tableaux du budget de trésorerie

Les principaux éléments constitutifs des trois tableaux sont présentés ci-dessous et pages suivantes.

En pratique, il est utile de prévoir pour chaque tableau une ***dernière colonne destinée aux prévisions de trésorerie*** qui seront encaissées ou décaissées au cours de la période ultérieure afin de faciliter l'établissement du bilan prévisionnel.

Tableau des encaissements

| Origines | Éléments | Janvier | Février | ... |
|---|---|---|---|---|
| | **Recettes d'exploitation** | | | |
| Budget des ventes → | Ventes encaissées | | | |
| Données des périodes précédentes → | Règlements clients | | | |
| | Total recettes d'exploitation | | | |
| | **Recettes hors exploitation** | | | |
| Données du bilan → | Apports en capital | | | |
| Budget de financement des investissements → | Emprunts à plus d'un an | | | |
| Budget des investissements et budget de financement des investissements → | Autres recettes (produits financiers, subventions...) | | | |
| | Total recettes hors exploitation | | | |
| | **Recettes totales** | | | |

Il faut ***exclure*** du tableau des encaissements les produits ***calculés*** et donc non encaissés de la période (reprises sur dépréciations et provisions...).

À NOTER • Il ne faut pas confondre les ventes et les encaissements ; ces derniers sont valorisés toutes taxes comprises, alors que les ventes sont données hors taxes.

## Tableau des décaissements

| Origines | Éléments | Janvier | Février | ... |
|---|---|---|---|---|
| | **Dépenses d'exploitation** | | | |
| Budget d'approvisionnement → | Achats comptant | | | |
| Données des périodes précédentes → | Paiements fournisseurs | | | |
| Budget de production ou de fonctionnement → | Salaires et charges sociales | | | |
| Budget de TVA et compte de résultat → | TVA à décaisser, Impôt sur les sociétés | | | |
| Budget des charges → | Autres dépenses (charges financières, redevances versées…) | | | |
| | Total dépenses d'exploitation | | | |
| | **Dépenses hors exploitation** | | | |
| Budget des investissements → | Investissements | | | |
| Budget de financement → | Remboursement d'emprunts | | | |
| Données du bilan → | Dividendes | | | |
| | Total dépenses hors exploitation | | | |
| | **Dépenses totales** | | | |

Il faut ***exclure*** du tableau des décaissements les charges ***calculées*** et donc non décaissées de la période (dotations aux amortissements dépréciations et provisions…).

**À NOTER** • Il ne faut pas confondre les achats et les décaissements ; ces derniers sont valorisés toutes taxes comprises, alors que les achats sont donnés hors taxes.

**Tableau de la situation de trésorerie**

| Origines | | Éléments | | Janvier | Février | ... |
|---|---|---|---|---|---|---|
| Solde du mois précédent (pour janvier d'après le bilan d'ouverture) | → | **Solde initial** | ① | | | |
| Tableau des encaissements | → | Recettes totales | ② | | | |
| Tableau des décaissements | → | Dépenses totales | ③ | | | |
| ② – ③ | → | **Solde de la période** | ④ | | | |
| ① + ④ | → | **Solde à la fin de la période** | | | | |

Le solde prévisionnel à la fin de chaque période devra être ***comparé*** au solde réel afin d'évaluer les ***écarts***, d'en rechercher la ***cause*** et de prendre, si nécessaire, les mesures les plus pertinentes.

## 4 L'analyse du budget de trésorerie

L'équilibrage de la trésorerie consiste à ***résorber*** les soldes ***négatifs*** et à ***éliminer*** les soldes trop ***excédentaires***.

### *A – Les soldes négatifs*

Un solde est négatif lorsque : Recettes < Dépenses. Cela signifie que l'entreprise a un ***besoin*** de financement à court terme. Elle doit dans un premier temps :

**Analyser**

**Les décaissements dans le but de les repousser**

↓

Augmentation du délai crédit fournisseurs (dans le respect des délais de paiement légaux), réduction des dépenses prévisionnelles…

**Les encaissements dans le but de les avancer**

↓

Réduction du délai crédit clients, mesures incitatives pour règlement comptant de la part des clients (escompte…).

puis, si les résultats de la première étude ne sont pas suffisants :

**Rechercher**

↓

Les ***moyens*** de financement à court terme nécessaires pour couvrir les besoins de trésorerie (découvert bancaire, mobilisation des créances, affacturage…).
Ces moyens de financement engendrent des coûts financiers et des coûts de traitement qu'il faut évaluer et comparer pour effectuer les choix les plus rationnels dans l'objectif de minimiser les coûts.

## B – Les soldes positifs

Un solde est positif lorsque : Recettes > Dépenses. Cela signifie que l'entreprise n'a aucun problème de financement à court terme.

Il faudra alors examiner les formes de ***placement à court terme*** les mieux adaptées afin de rentabiliser les capitaux (SICAV, fonds commun de placement…).

## C – Le plan de trésorerie

Le plan de trésorerie reprend la situation de la trésorerie finale de chaque mois fournie par le budget de trésorerie et intègre les données d'équilibrage retenues.

Les nouveaux soldes prévisionnels de trésorerie fin de mois dégagés doivent être ***proches de zéro*** ou bien ***raisonnablement excédentaires***.

**Exemple**

Le comptable de l'entreprise Marco vous communique les documents suivants :

**Prévisions des achats et des charges**

| Éléments | Octobre | Novembre | Décembre |
|---|---|---|---|
| Achats (règlement 40 % au comptant, 60 % le mois suivant) | | | |
| • Hors taxes | 124 370 | 93 280 | 139 920 |
| • TVA | 24 874 | 18 656 | 27 984 |
| • Toutes taxes comprises | 149 244 | 111 936 | 167 904 |
| Charges externes (décaissées le mois même) | | | |
| • Hors taxes | 18 000 | 19 500 | 21 000 |
| • TVA | 3 600 | 3 900 | 4 200 |
| • Toutes taxes comprises | 21 600 | 23 400 | 25 200 |
| Salaires nets (décaissés le mois même) | 60 000 | 60 000 | 60 000 |
| Charges sociales (décaissées le mois suivant) | 33 000 | 33 000 | 33 000 |
| Dotations aux amortissements | 22 500 | 22 500 | 22 500 |

**Prévisions des ventes**

| Éléments | Octobre | Novembre | Décembre |
|---|---|---|---|
| Ventes (règlement 50 % au comptant, 50 % le mois suivant) | | | |
| • Hors taxes | 310 940 | 279 850 | 264 300 |
| • TVA | 62 188 | 55 970 | 52 860 |
| • Toutes taxes comprises | 373 128 | 335 820 | 317 160 |

État des échéances des créances et des dettes du bilan au 30/09/N – 1

| Éléments | Montant du bilan | Répartition | | | Reste |
|---|---|---|---|---|---|
| | | Octobre | Novembre | Décembre | |
| Clients et comptes rattachés | 275 700 | 136 200 | 75 000 | 45 000 | 19 500 |
| Fournisseurs et comptes rattachés | 205 125 | 130 125 | 75 000 | | |
| Dettes fiscales et sociales1 | 357 375 | 97 500* | | | 259 875 |
| Dettes diverses | 57 000 | 42 000 | 15 000 | | |

* dont : TVA à décaisser : 52 500
Charges sociales : 45 000

En outre, le bilan au 30 septembre N – 1 indique une trésorerie positive de 56 577 €.

*Établir et commenter le budget de trésorerie du premier trimestre de l'exercice N.*

Budget de TVA à décaisser :

| Éléments | Octobre | Novembre | Décembre |
|---|---|---|---|
| TVA collectée du mois précédent | inconnu | 62 188 | 55 970 |
| – TVA sur autres biens et services (du mois précédent) | inconnu | 28 474 (a) | 22 556 (b) |
| = TVA à décaisser | 52 500 | 33 714 | 33 414 |

(a) 24 874 + 3 600
(b) 18 656 + 3 900

Tableau des décaissements prévisionnels :

| Éléments | Octobre | Novembre | Décembre |
|---|---|---|---|
| Fournisseurs et comptes rattachés | 130 125 | 75 000 | |
| Dettes diverses | 42 000 | 15 000 | |
| TVA à décaisser | 52 500 | 33 714 | 33 414 |
| Charges sociales | 45 000 | 33 000 | 33 000 |
| Salaires nets | 60 000 | 60 000 | 63 000 |
| Charges externes | 21 600 | 23 400 | 25 200 |
| Achats octobre | 59 698 | 89 546 | — |
| Achats novembre | — | 44 774 | 67 162 |
| Achats décembre | — | — | 67 162 |
| Totaux | 410 923 | 374 434 | 288 938 |

Les dotations aux amoirtissements représentent *une charge non décaissable*.

Tableau des encaissements prévisionnels :

| Éléments | Octobre | Novembre | Décembre |
|---|---|---|---|
| Clients et comptes rattachés | 136 200 | 75 000 | 45 000 |
| Ventes d'octobre | 186 564 | 186 564 | — |
| Ventes de novembre | — | 167 910 | 167 910 |
| Ventes de décembre | — | — | 158 580 |
| Totaux | 322 764 | 429 474 | 371 490 |

***Le budget de trésorerie*** se présente comme suit :

| Éléments | Octobre | Novembre | Décembre |
|---|---|---|---|
| **1** Trésorerie initiale | 56 577 | – 31 582 | 23 458 |
| **2** Encaissements | 322 764 | 429 474 | 371 490 |
| **3** Décaissements | 410 923 | 374 434 | 288 938 |
| **4** Écarts **2 – 3** | – 88 159 | 55 040 | 82 552 |
| **5** Trésorerie finale **1 + 4** | **– 31 582** | **23 458** | **106 010** |

La trésorerie est positive sur le total du trimestre et s'améliore de mois en mois. Cependant on constate un déficit en octobre. Pour éviter le découvert, l'entreprise peut :

– vérifier si elle profite au maximum des délais de paiement accordés par ses fournisseurs afin de repousser les décaissements ;

– avancer les encaissements ou mobiliser les créances.

# Les documents de synthèse prévisionnels

Chapitre **24**

## 1 Généralités

Le compte de résultat prévisionnel, le bilan prévisionnel et le plan de financement constituent des ***outils de synthèse*** budgétaire.

Ils permettent de vérifier la cohésion de l'***organisation budgétaire*** de l'entreprise et le respect des ***grands équilibres*** (structure financière, trésorerie, formation du résultat) ; dans le cas contraire, une révision des prévisions s'impose.

En outre, dans le ***cadre de la prévention des difficultés des entreprises***, certaines entreprises sont dans l'obligation d'établir des documents d'information financière et prévisionnelle dont le compte de résultat prévisionnel et le plan de financement.

Les entreprises concernées sont celles qui à la clôture d'un exercice atteignent ou dépassent au moins un des deux seuils suivants :

– 300 salariés ;

– 18 millions d'euros de chiffre d'affaires net.

## 2 Le compte de résultat prévisionnel

Le compte de résultat prévisionnel est destiné à apprécier les conséquences des actions prévues sur l'***activité*** et la ***formation du résultat*** de l'entreprise pour l'année à venir.

Il permet également :

**De mesurer** → l'***équilibre*** dans la formation du résultat compte tenu de l'ensemble des budgets.

**D'anticiper** → les ***difficultés*** et de réviser les projets en conséquence.

**De contrôler** → la ***réalisation*** des budgets avec les données réelles du compte de résultat pour la même période.

Le compte de résultat prévisionnel est établi ***annuellement*** à l'aide des budgets relatifs à l'exploitation (ventes, approvisionnements, production…) et d'éléments prévisionnels issus des budgets d'investissements, de financement, de trésorerie. Un rapport écrit est joint au compte de résultat prévisionnel afin de compléter et de commenter l'information de ce dernier.

Le classement des charges et des produits peut être fait soit :

- par nature ;
- par fonctions.

Le compte de résultat prévisionnel fait apparaître les ***résultats prévisionnels***. Il doit permettre la comparaison avec les données réelles de l'exercice précédent.

À titre indicatif et dans le cadre de l'obligation légale de présentation, deux modèles sont proposés. Toutefois, le modèle prévu pour les comptes annuels peut être retenu.

## A – Le modèle par nature

Le modèle ci-dessous est préconisé par la Compagnie nationale des commissaires aux comptes :

| Éléments | Prévisionnel N + 1 | Réalisé (*) N |
|---|---|---|
| Chiffre d'affaires<br>Autres produits d'exploitation<br>Charges de personnel<br>Autres charges d'exploitation<br>Dotations/Reprises d'exploitation | | |
| Résultat d'exploitation | | |
| Résultat financier (**) | | |
| Résultat courant avant impôts | | |
| Résultat exceptionnel | | |
| Participation des salariés<br>Impôts sur les bénéfices | | |
| Résultat net | | |

(*) Préciser « provisoire » le cas échéant.
(**) Dont résultat financier provenant des filiales et participations (si significatif).

## B – Le modèle par fonctions

Le modèle ci-après est préconisé par l'Autorité des normes comptables :

| Éléments | N + 1 | Réalisé en N |
|---|---|---|
| Chiffre d'affaires prévisionnel .......................... | | |
| – Coût de production ........................................ | | |
| = Marge sur coût de production ......................... | | |
| – Coûts commerciaux ........................................ | | |
| = Marge brute ................................................... | | |
| – Charges communes non réparties .................... | | |
| = Résultat d'exploitation .................................... | | |
| – Charges financières nettes .............................. | | |
| = Résultat courant ............................................ | | |

## 3 Le bilan prévisionnel

Le bilan prévisionnel a pour objectif d'apprécier les conséquences des actions prévues sur la ***structure financière*** de l'entreprise pour l'année à venir.

Il permet également :

**De mesurer** → l'***équilibre financier*** compte tenu de l'ensemble des budgets.

**D'anticiper** → les ***difficultés*** et de réviser les projets en conséquence.

**De contrôler** → la ***réalisation*** des budgets par comparaison avec les données réalisées du bilan comptable établi à la même date et d'analyser les écarts financiers.

Le bilan prévisionnel est établi annuellement à l'aide du bilan comptable à l'ouverture de l'exercice et de l'ensemble des budgets.

Sa présentation est identique au modèle prévu pour les comptes annuels.

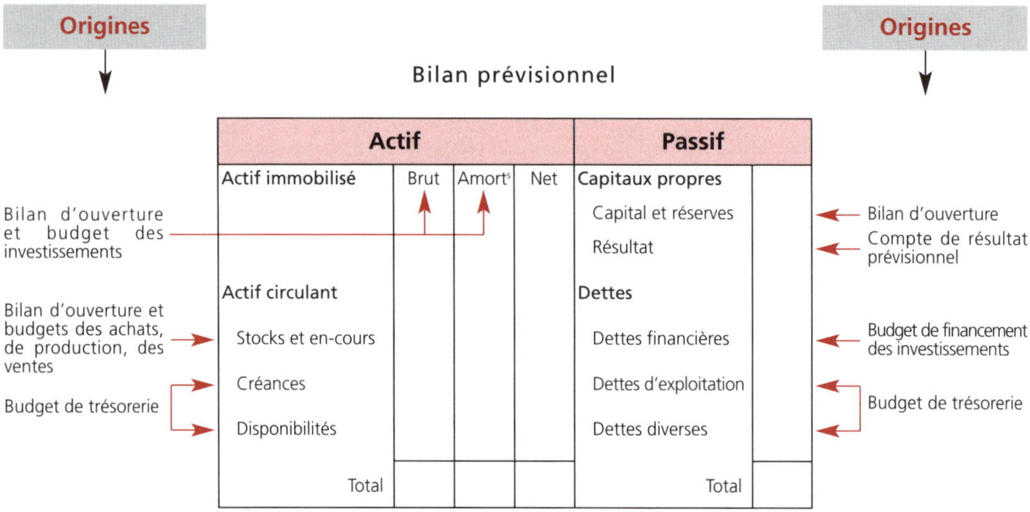


**À NOTER** • Le stock final est déterminé à partir des éléments suivants :
Stock initial + Achats – Sorties (Coût d'achat des marchandises vendues ou matières consommées)
• Le résultat du bilan prévisionnel doit être égal au résultat du compte de résultat prévisionnel.

**Exemple**

Les éléments, concernant la société Le Guillou, vous sont communiqués :

– bilan au 28 février N :

| Actif | Net | Passif | Net |
|---|---|---|---|
| **Actif immobilisé** | | **Capitaux propres** | |
| Immobilisations incorporelles | | Capital | 1 500 000 |
| Fonds commercial | 1 000 000 | Réserves | 110 000 |
| Immobilisations corporelles | | **Dettes** | |
| Installations techniques | 580 000 | Dettes financières | |
| Matériel informatique | 210 000 | Emprunt | 550 000 |
| **Actif circulant** | | Dettes d'exploitation | |
| Stocks et en-cours | | Fournisseurs | 310 500 |
| Stocks de marchandises | 215 500 | Dettes fiscales et sociales | 175 500 |
| Créances et comptes rattachés | | | |
| Clients | 455 000 | | |
| Disponibilités | 185 500 | | |
| Total | 2 646 000 | Total | 2 646 000 |

– budget de trésorerie :

| | Eléments | Mars | Avril | Mai |
|---|---|---|---|---|
| 1 | Trésorerie initiale | 185 500 | 302 310 | 330 585 |
| 2 | Encaissements[1] | 600 000 | 620 000 | 580 000 |
| 3 | Décaissements[2] | 483 190 | 591 725 | 665 503 |
| 4 | Écarts 2 – 3 | + 116 810 | + 28 275 | – 85 503 |
| 5 | Trésorerie finale 1 + 4 | 302 310 | 330 585 | 245 082 |

(1) Nature et montant de certains encaissements :
– ventes encaissées : 1 568 352 €

(2) Nature et montant de certains règlements :
– achats de marchandises comptant : 849 671 €
– charges de personnel : 256 500 €
– intérêts : 12 700 €
– publicité : 183 800 €
– emprunt : 150 000 €

– renseignements complémentaires du trimestre N + 1 :

- les créances clients représentent le quart du chiffre d'affaires ;
- les dettes fournisseurs s'élèvent à 40 % des achats du trimestre ;
- la TVA à décaisser du mois de mai est de 19 904 € ;
- le montant à régler aux organismes sociaux en juin est de 67 500 € ;
- le stock de marchandises représente 265 000 € ;
- les dotations aux amortissements sont de 60 000 € pour les installations techniques, et de 25 000 € pour le matériel informatique ;
- la TVA applicable à l'ensemble des opérations est de 20 %.

*Établir, pour le premier trimestre de l'exercice N + 1 :*

*– le compte de résultat prévisionnel par nature ;*

*– le bilan prévisionnel.*

***Le compte de résultat prévisionnel par nature*** est le suivant :

| **Éléments** | **Prévisionnel N + 1** | **Réalisé (*) N** |
|---|---|---|
| Chiffre d'affaires[1]<br>Autres produits d'exploitation<br>Achats de marchandises[2]<br>Variation des stocks[3]<br>Charges de personnel<br>Autres charges d'exploitation<br>Dotations/Reprises d'exploitation | 1 742 613<br><br>1 180 099<br>– 49 500<br>256 500<br>183 800<br>85 000 | |
| Résultat d'exploitation | 86 714 | |
| Charges financières | 12 700 | |
| Résultat financier (**) | – 12 700 | |
| Résultat courant avant impôts | 74 014 | |
| Résultat exceptionnel | | |
| Participation des salariés<br>Impôts sur les bénéfices | | |
| Résultat net | 74 014 | |

(*) Préciser « provisoire » le cas échéant.
(**) Dont résultat financier provenant des filiales et participations (si significatif).

(1) Montant des ventes toutes taxes comprises :

1 568 352 x 4/3 = 2 091 136 €

Montant du chiffre d'affaires hors taxes :

2 091 136 / 1,20 = 1 742 613 €

(2) Montant total des achats toutes taxes comprises :

$$\frac{849\,671 \times 100}{60} = 1\,416\,118 \text{ €}$$

Montant des achats hors taxes :

1 416 118 / 1,20 = 1 180 099 €

(3) Variation des stocks :

215 500 – 265 000 = – 49 500 €

*Le bilan prévisionnel* se présente comme suit :

| Actif | Net | Passif | Net |
|---|---|---|---|
| **Actif immobilisé** | | **Capitaux propres** | |
| Immobilisations incorporelles | | Capital | 1 500 000 |
| Fonds commercial | 1 000 000 | Réserves | 110 000 |
| Immobilisations corporelles[1] | | Résultat de l'exercice | 74 014 |
| Installations techniques | 520 000 | **Dettes** | |
| Matériel informatique | 185 000 | Dettes financières | |
| **Actif circulant** | | Emprunt | 400 000 |
| Stocks et en-cours | | Dettes d'exploitation | |
| Stocks de marchandises | 265 000 | Fournisseurs[3] | 566 448 |
| Créances et comptes rattachés | | Dettes fiscales et sociales | 87 404 |
| Clients[2] | 522 784 | | |
| Disponibilités | 245 082 | | |
| Total | 2 737 866 | Total | 2 737 866 |

(1) Déduire le montant des dotations :
580 000 – 60 000 = 520 000 €
210 000 – 25 000 = 185 000 €

(2) Montant des ventes toutes taxes comprises :
1 742 613 x 1,20 = 2 091 136 €
Le 1/4 représente les créances clients :
2 091 136 x 1/4 = 522 784 €

(3) Montant des achats toutes taxes comprises :
1 180 099 x 1,20 = 1 416 119 €
40 % représentent les dettes fournisseurs :
1 416 119 x 40 % = 566 448 €

# 4 Le plan de financement

## A – Définition

Le plan de financement est un ***état financier prévisionnel à moyen terme.***

Il consiste à déterminer :

- le ***montant*** et l'***origine*** des ressources ou capitaux qui seront nécessaires ***pour couvrir*** les besoins de financement à moyen terme constitués essentiellement par les investissements et les besoins en fonds de roulement ;
- les conditions de réalisation de l'***équilibre financier*** sur le moyen terme.

Le plan de financement est conçu pour une période de ***trois à cinq ans*** et pour chaque exercice de la période choisie. Un rapport écrit est joint au plan de financement prévisionnel afin de compléter et de commenter l'information de ce dernier.

Il permet :

- *de vérifier* la cohérence financière de la stratégie de développement de l'entreprise ;
- *de prévenir* les difficultés financières ;
- *de négocier* avec les établissement de crédit ;
- *de contrôler* la politique de l'entreprise par l'analyse des écarts entre les prévisions et les données réelles.

Il permet également d'établir les bilans prévisionnels de fin d'exercice à partir du dernier bilan réel :

| | |
|---|---|
| | Bilan de fin d'exercice N |
| + | Plan de financement de fin d'exercice N + 1 |
| = | **Bilan de fin d'exercice N + 1** |

## B – La structure du plan de financement

La présentation du plan de financement est semblable à celle du tableau de financement Emplois–Ressources :

| Besoins prévisionnels | Ressources prévisionnelles |
|---|---|
| Augmentation des postes de l'actif.<br>Diminution des postes du passif. | Augmentation des postes du passif.<br>Diminution des postes de l'actif. |

Dans le cadre de l'obligation légale de présentation, la structure du plan de financement peut être la suivante :

*Voir tableau page ci-contre.*

| Éléments | Années | | | | | |
|---|---|---|---|---|---|---|
| | N | N + 1 | N + 2 | N + 3 | N + 4 | N + 5 |
| **I. Variation des emplois**<br>• Dividendes à distribuer[1]<br>• Investissements nouveaux<br>• Besoins en fonds de roulement<br>• Remboursement des emprunts<br>• Autres | | | | | | |
| Total | | | | | | |
| **II. Variation des ressources**<br>• Capacité d'autofinancement<br>• Désinvestissements<br>• Ressources extérieures<br>– Capital<br>– Subventions et prêts participatifs<br>– Emprunts à long terme<br>• Autres | | | | | | |
| Total | | | | | | |
| **III. Excédent (Insuffisance) des ressources** | | | | | | |

(1) Le cas échéant

| | | |
|---|---|---|
| Excédent de ressources | ⇒ | Augmentation des disponibilités |
| Insuffisance de ressources | ⇒ | Accroissement du besoin de financement à court terme |

## C – L'équilibre du plan de financement

Pour assurer l'équilibre financier, on distingue plusieurs phases :

① **Distinguer** → les besoins de financement à long terme.

② **Calculer** → les ressources internes.

③ **Déterminer** → les ressources externes nécessaires.

④ **Évaluer** → les moyens de financement externes
- → augmentation de capital ;
- → emprunt.

Le plan de financement est rarement équilibré lors de sa première ébauche ; il faut donc procéder à un équilibrage par itérations. La recherche de l'équilibre modifie alors les emplois et les ressources déterminés dans le plan initial. Il ne s'agit pas d'un simple calcul arithmétique mais d'une optimisation de l'équilibre financier.

**À NOTER** • La solution du crédit-bail a pour conséquence la suppression du besoin de financement • Les besoins en fonds de roulement sont déterminés par la méthode normative et à partir d'une situation donnée • Si le fonds de roulement de début de période est supérieur aux besoins, l'entreprise peut procéder à un prélèvement sur le fonds de roulement.

Le total des ressources prévisionnelles doit être ***supérieur*** au total des besoins prévisionnels pour que l'entreprise puisse disposer d'une marge de sécurité en cas d'erreurs de prévisions ou de besoins de financement non prévus.

Le plan de financement que l'entreprise choisira sera celui qui ***ajustera au mieux*** le plan d'investissement à la structure financière de l'entreprise et à la rentabilité à venir.

Dans le contexte actuel, il doit être élaboré avec l'objectif de préparer la sortie de crise.

L'exécution du plan de financement s'effectue sur deux périodes :

① **Réalisation** → des investissements prévus.

② **Remboursement** → des crédits obtenus.

L'entreprise doit vérifier qu'elle n'a pas excédé sa capacité d'emprunt. Elle effectue alors une comparaison entre les annuités de remboursement des emprunts et sa capacité d'autofinancement.

## D – Le contrôle du plan de financement

Le contrôle s'effectue par ***comparaison*** entre les données de l'analyse des bilans de fin d'exercice et celles du plan de financement.

La constatation et l'analyse des écarts permet de ***rectifier*** et de ***mettre à jour*** le plan de financement.

**Exemple**

L'entreprise Vialat vous fournit les informations suivantes :

– projet d'investissement :

| Éléments | Année 1 | Année 2 | Année 3 |
|---|---|---|---|
| Constructions | 120 000 | 70 500 | |
| Installations | 59 400 | 68 600 | |
| Outillage | 46 800 | | |
| Matériel informatique | | | 34 200 |
| Véhicules | | | 58 000 |
| Matériel de bureau | 25 000 | | 15 000 |
| Totaux | 251 200 | 139 100 | 107 200 |

– annuités d'amortissement prévisionnelles :

| Éléments | Année 1 | Année 2 | Année 3 |
|---|---|---|---|
| Constructions | 6 000 | 6 000 | 6 000 |
| Installations | 11 880 | 11 880 | 11 880 |
| Outillage 1 | 14 625 | 10 055 | 6 913 |
| Outillage 2 | | 22 032 | 15 147 |
| Matériel informatique 1 | | 27 440 | 16 464 |
| Matériel informatique 2 | | | 13 680 |
| Véhicules | | | 14 500 |
| Matériel de bureau 1 | 5 000 | 5 000 | 5 000 |
| Matériel de bureau 2 | | | 3 000 |
| Totaux | 37 505 | 82 407 | 92 584 |

Les investissements sont acquis en début d'exercice.

Une augmentation de capital de 240 000 € est prévue dès le début de l'année 1.

Un emprunt de 120 000 € sera contracté la première année remboursable en quatre ans par fractions égales.

Les besoins en fonds de roulement seront de :

– 64 500 € la 1re année ;

– 99 800 € la 2e année ;

– 99 300 € la 3e année.

La distribution annuelle des dividendes sera de 38 000 €.

Les résultats nets des 3 exercices sont estimés à : 80 000 €, 120 000 €, 190 000 €.

Le taux d'impôt sur les sociétés (IS) est de 33 1/3 %.

Si un déséquilibre financier apparaît, il faudra remplacer l'acquisition de l'outillage la première année par un crédit-bail de 72 mensualités de 700 €.

NB : Arrondir les chiffres à l'euro supérieur.

*Établir le plan de financement sur trois ans.*

***Plan de financement*** :

| Éléments | Année 1 | Année 2 | Année 3 | Total |
|---|---|---|---|---|
| **I. Variation des emplois** | | | | |
| • Dividendes à distribuer (I) | 38 000 | 38 000 | 38 000 | 114 000 |
| • Investissements nouveaux | | | | |
| – constructions | 120 000 | | | 120 000 |
| – installations | 59 400 | | | 59 400 |
| – outillage | 46 800 | 70 500 | | 117 300 |
| – matériel informatique | | 68 600 | 34 200 | 102 800 |
| – véhicules | | | 58 000 | 58 000 |
| – matériel de bureau | 25 000 | | 15 000 | 40 000 |
| • Besoins en fonds de roulement | 64 500 | 99 800 | 99 300 | 263 600 |
| • Remboursement des emprunts | 30 000 | 30 000 | 30 000 | 90 000 |
| • Autres | | | | |
| Total | 383 700 | 306 900 | 274 500 | 965 100 |
| **II. Variation des ressources** | | | | |
| • Capacité d'autofinancement | | | | |
| – résultats nets | 80 000 | 120 000 | 190 000 | 390 000 |
| – dotations aux amortissements | 37 505 | 82 407 | 92 584 | 212 496 |
| • Désinvestissements | | | | |
| • Ressources extérieures | | | | |
| – capital | 240 000 | | | 240 000 |
| – subventions et prêts participatifs | | | | |
| – emprunts à long terme | | 120 000 | | 120 000 |
| • Autres | | | | |
| Total | 357 505 | 322 407 | 282 584 | 962 496 |
| ***I. Excédent (Insuffisance) des ressources*** | – 26 195 | + 15 507 | + 8 084 | – 2 604 |
| (I) Le cas échéant | | | | |

On constate une insuffisance de ressources dès la première année. Il faut donc supprimer l'acquisition de l'outillage et le remplacer par un contrat de crédit-bail dont les redevances annuelles s'élèveront à :

700 x 12 = 8 400 €

*Plan de financement modifié* :

| Éléments | Année 1 | Année 2 | Année 3 | Total |
|---|---|---|---|---|
| **Excédent (Insuffisance) des ressources** | – 26 195 | 15 507 | + 8 084 | – 2 604 |
| Acquisition de l'outillage | + 46 800 | | | + 46 800 |
| Dotations aux amortissements | – 14 625 | – 10 055 | – 6 913 | – 31 593 |
| Variation des résultats nets* | + 4 150 | + 1 103 | – 991 | + 4 262 |
| **Nouvel excédent (Insuffisance) des ressources** | + 10 130 | + 6 555 | + 180 | + 16 865 |

* Le calcul de la variation des résultats nets s'effectue de la manière suivante :

| Éléments | Année 1 | Année 2 | Année 3 |
|---|---|---|---|
| Résultats nets précédents | 80 000 | 120 000 | + 190 000 |
| Résultats avant impôts* | 119 994 | + 179 991 | 284 986 |
| + Diminution d'amortissements | + 14 625 | – 10 055 | – 6 913 |
| – Charges de crédit-bail | – 8 400 | – 8 400 | – 8 400 |
| Résultats corrigés avant impôt | 126 219 | 181 646 | 283 499 |
| Résultats corrigés après impôts | 84 150 | 121 103 | 189 009 |
| **Variation des résultats nets** | + 4 150 | + 1 103 | – 991 |

* Année 1 : 80 000 / 0,6667 = 119 994 €

Année 2 : 120 000 / 0,6667 = 179 991 €

Année 3 : 190 000 / 0,6667 = 284 986 €

# Le levier financier

Chapitre
**25**

## 1 L'endettement

Après avoir comparé les ***besoins*** de financement avec les ***ressources*** de financement, afin d'en vérifier l'équilibre, il est nécessaire d'analyser la ***structure*** des ressources de financement et de déterminer la part de l'***endettement*** dans la constitution des ressources durables.

Le degré d'endettement a une incidence sur :

- l'indépendance
- la sécurité
- le développement
- la rentabilité

} de l'entreprise.

La recherche d'indépendance et de sécurité financière est obtenue par une ***réduction*** de l'endettement.

En revanche, le développement et la rentabilité de l'entreprise sont facilités par le ***recours*** à l'endettement.

Il est nécessaire d'établir un ***équilibre*** permettant à l'entreprise d'atteindre ses objectifs tout en limitant sa vulnérabilité afin de ne pas inquiéter ses partenaires et ses prêteurs.

## 2 La rentabilité

L'objectif de toute entreprise est de réaliser des bénéfices, donc de ***rentabiliser*** ses capitaux investis pour assurer son ***développement*** et rémunérer les ***apporteurs*** de capitaux.

La rentabilité est un aspect fondamental de la gestion de l'entreprise.

La rentabilité de l'entreprise se mesure à l'aide des ***ratios*** suivants :

**Rentabilité économique** ⟶ $\dfrac{\text{Excédent brut d'exploitation}}{\text{Capital engagé pour l'exploitation (ou actif économique)}}$

ou

$\dfrac{\text{Résultat d'exploitation net d'IS}}{\text{Capital engagé pour l'exploitation (ou actif économique)}}$

**Rentabilité financière** ⟶ $\dfrac{\text{Résultat net ou courant}}{\text{Capitaux propres}}$

## 3 L'effet de levier

Sachant que l'endettement a une influence sur la rentabilité des capitaux investis, l'analyse du levier financier permet de ***mesurer l'effet*** positif ou négatif de l'endettement sur la rentabilité, en comparant le ***coût*** de l'endettement à la ***rentabilité*** économique.

La formulation la plus courante de l'effet de levier est la suivante :

$$\text{Effet de levier (E)} = \left(\text{Taux de rentabilité économique} - \text{Taux d'intérêt des emprunts}\right) \times \frac{\text{Capitaux empruntés}}{\text{Capitaux propres}}$$

Trois situations peuvent se présenter.

### A – L'effet de levier positif

Lorsque l'effet de levier est ***positif***, la rentabilité des capitaux propres ***croît*** avec l'endettement :

Taux d'intérêt des emprunts < Taux de rentabilité économique ⇒ **Augmentation du taux de rentabilité des capitaux propres**

L'effet de levier est toutefois limité par la capacité d'endettement de l'entreprise et le risque financier qu'elle encourt.

### B – L'effet de levier négatif

Lorsque l'effet de levier est ***négatif***, le coût de l'endettement ***n'est pas couvert*** par la rentabilité économique ; il s'agit de ***l'effet de massue*** :

Taux d'intérêt des emprunts > Taux de rentabilité économique ⇒ **Diminution du taux de rentabilité des capitaux propres**

## C – L'effet de levier nul

Lorsque l'effet de levier est ***nul***, l'endettement est ***neutre*** par rapport à la rentabilité des capitaux propres :

| Taux d'intérêt des emprunts | = | Taux de rentabilité économique | ⇒ | **Maintien du taux de rentabilité des capitaux propres** |
|---|---|---|---|---|

**Exemple**

L'entreprise Airelle envisage un investissement de 1 000 000 €. Elle étudie plusieurs modes de financement, afin d'apprécier l'influence de son endettement sur la rentabilité de ses capitaux en fonction de deux hypothèses de rentabilité économique : l'une à 20 % et l'autre à 8 %.

Modes de financement :

- financement sans emprunt ;
- financement à 40 % par un emprunt, taux d'intérêt 10 % ⇒ effet de l'emprunt
- financement à 40 % par un emprunt, taux d'intérêt 8 % ⇒ effet de la baisse du taux d'intérêt
- financement à 60 % par un emprunt, taux d'intérêt 8 % ⇒ effet de l'augmentation de l'endettement

*Établir pour chacune des deux hypothèses un tableau des résultats en le commentant.*

***Première hypothèse avec une rentabilité économique de 20 %*** :

| Éléments | Financement | | | |
|---|---|---|---|---|
| | **sans emprunt** | **à 40 % par emprunt au taux de 10 %** | **à 40 % par emprunt au taux de 8 %** | **à 60 % par emprunt au taux de 8 %** |
| Montant de l'investissement | 1 000 000 | 1 000 000 | 1 000 000 | 1 000 000 |
| Montant de l'emprunt | 0 | 400 000 | 400 000 | 600 000 |
| Taux de rentabilité économique | 20 % | 20 % | 20 % | 20 % |
| Capitaux propres | 1 000 000 | 600 000 | 600 000 | 400 000 |
| Charges financières | 0 | 40 000 | 32 000 | 48 000 |
| Résultat courant | 200 000 | 160 000 | 168 000 | 152 000 |
| Rentabilité financière | $\frac{200\ 000}{1\ 000\ 000} \times 100$ = 20 % | $\frac{160\ 000}{600\ 000} \times 100$ = 26,67 % | $\frac{168\ 000}{600\ 000} \times 100$ = 28 % | $\frac{152\ 000}{400\ 000} \times 100$ = 38 % |
| Effet de levier | — | (20 % – 10 %) 0,667 = 6,67 % | (20 % – 8 %) 0,667 = 8 % | (20 % – 8 %) 1,5 = 18 % |

Cette hypothèse permet de vérifier que l'effet de levier naît d'un endettement et qu'il croît :
- avec la baisse du taux d'intérêt ;
- avec l'augmentation du taux d'endettement ;

et qu'il est favorable tant que le taux d'intérêt est inférieur au taux de rentabilité économique.

***Deuxième hypothèse avec une rentabilité économique de 8 %*** :

| Éléments | Financement | | | |
|---|---|---|---|---|
| | **sans emprunt** | **à 40 % par emprunt au taux de 10 %** | **à 40 % par emprunt au taux de 8 %** | **à 60 % par emprunt au taux de 8 %** |
| Montant de l'investissement | 1 000 000 | 1 000 000 | 1 000 000 | 1 000 000 |
| Montant de l'emprunt | 0 | 400 000 | 400 000 | 600 000 |
| Taux de rentabilité économique | 8 % | 8 % | 8 % | 8 % |
| Capitaux propres | 1 000 000 | 600 000 | 600 000 | 400 000 |
| Charges financières | 0 | 40 000 | 32 000 | 48 000 |
| Résultat courant | 80 000 | 40 000 | 48 000 | 32 000 |
| Rentabilité financière | $\frac{80\ 000}{1\ 000\ 000} \times 100$ = 8 % | $\frac{40\ 000}{600\ 000} \times 100$ = 6,7 % | $\frac{48\ 000}{600\ 000} \times 100$ = 8 % | $\frac{32\ 000}{400\ 000} \times 100$ = 8 % |
| Effet de levier | — | (8 % – 10 %) 0,667 = 1,30 | 0 % | 0 % |

Cette hypothèse permet de vérifier :
- que l'effet de levier est négatif quand le taux d'intérêt est supérieur au taux de rentabilité économique ;
- qu'il est nul quand le taux d'intérêt est égal au taux de rentabilité économique quel que soit le niveau d'endettement.

# Index

## A



## B



## C



## D